Au Fil des Perles
メゾン・デ・ペルルの刺繍

小林モー子

主婦と生活社

Prologue
はじめに

"piece de conversation＝話題の手がかり"

これは、私がアトリエ「メゾン・デ・ペルル」でアクセサリーや作品を作る時に、とても大切にしているテーマです。

オートクチュール刺繍というフランスの伝統的な刺繍技法とヨーロッパのヴィンテージビーズを用いて、着ける人やそれを見た人が楽しい気持ちになる、思わずくすっと笑ってしまうモチーフや動きの瞬間を捉えたデザイン、「ありそうでなかったもの」を目指して制作してきました。

そうやって生み出したアクセサリーが会話のきっかけになって、そこからつながりが始まってほしい。"piece de conversation"にはそんな意味を込めています。

この本は、メゾン・デ・ペルルと私のこれまでをまとめた初めての作品集です。この本が誰かの手に渡り、目にとまって、アクセサリーや作品とはまた違った形で誰かの会話や笑顔につながっていったら、ちょっといいな。

ひとりでも多くの方に、オートクチュール刺繍の世界、そして私たちメゾン・デ・ペルルが作る世界を楽しんでいただけたらと思います。

小林モー子

Contents
もくじ

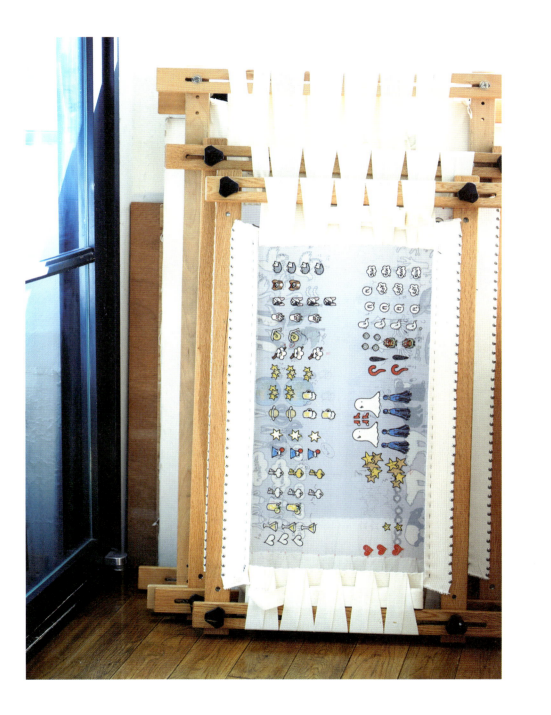

撮　影	小川真輝
	山田智絵（P.080／P.117）
	小川拓郎（P.080）
ヘアメイク	小田英子 (Fēn.hair ici)（P.154／P.156）
マンガ	ぎゅうにゅう
トレース	仲條詩歩子
	鈴木愛子
デザイン	坂上恵子 (I'll Products)
	酒井好乃 (I'll Products)
制作協力	maison des perles
	いとうゆうこ
	竹内麻里子
	小川香奈子
	佐藤佳乃子
	向田光佑
協　力	堺 香織
	島 治香
編　集	内田有佳
	石井康博

Part _1

Works I

Brooch｜Pin｜Earrings｜Necklace

ブローチ｜ピンズ｜ピアス｜ネックレス

ブローチ...エトワール｜おばけ｜虫食い｜稲妻｜シャンパン｜"j'ai sommeil"眠い
Brooch ..... Stars | Monster | Leaf | Lightning | Champagne | Sleepy

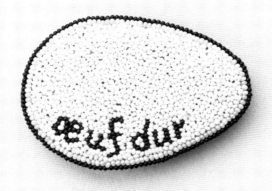

ブローチ...ゆで卵 | ミルク
Brooch ..... Boiled egg | Milk

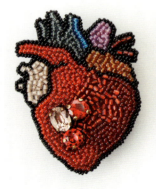

ブローチ…UFO｜心臓｜女子｜手
Brooch ….. UFO｜Heart｜Girl｜Hand

ブローチ.....酔っぱらい｜クラッカー
Brooch .....Drunkard｜Cracker

ブローチ...猿｜かっぱ｜ライオン｜アフリカゾウ｜バク｜アライグマ
Brooch ..... Monkey | Kappa | Lion | African elephant | Tapir | Raccoon

ブローチ...パンダ | トナカイ | 白くま | ワオキツネザル | へび | 三毛猫 横顔
Brooch .....Panda | Reindeer | Polar bear | Ring-tailed lemur | Snake | Tortoiseshell cat profile

ブローチ…地球と月
Brooch ..... Earth and Moon

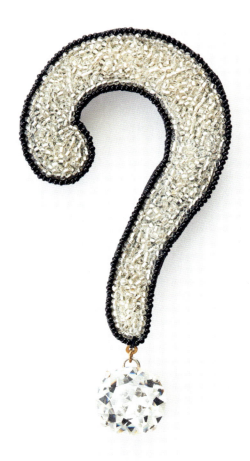

ブローチ…ハテナ
Brooch ...... Question mark

ブローチ...椿 | プルーン | びわ | 時計草 | どんぐり | コケモモ | 銀杏
Brooch ..... Camellia | Prune | Loquat | Passion flower | Acorn | Lingonberry | Ginkgo

ブローチ...カメリア 赤｜白
Brooch......Camelia red｜white

ブローチ…絵の具シリーズ｜Bijouxシリーズ　　ピアス……Bijouxシリーズ
Brooch…..Paints series｜Jewel series　　Earrings… Jewel series

ブローチ... Jewel エメラルド | サファイア | シトリン | ダイヤモンド | アメジスト
Brooch ..... Emerald | Sapphire | Citrine | Diamond | Amethyst

ブローチ...オカメインコ｜フクロウ｜フラミンゴ｜スワン｜ツバメ｜セキセイインコ｜めじろ｜ペンギン｜文鳥｜ハト
Brooch ..... Cockatiel｜Owl｜Flamingo｜Swan｜Swallow｜Budgerigar｜Mejiro｜Penguin｜Java sparrow｜Pigeon

ブローチ…… ふきだしシリーズ
Brooch …… Balloon series

ブローチ…日本酒セット
Brooch ..... Sake set

ブローチ... キャリアウーマン | 待ち合わせ | 散歩 | デート | ショッピング | 酔っぱらい
Brooch ..... Career woman | Waiting person | Walk | A date | Shopping | Drunkard

ブローチ…バランスシリーズ｜筆｜赤えんぴつ｜えんぴつ
Brooch ..... Balance series｜Paintbrush｜Red pencil｜Pencil

ブローチ…丸々シリーズ
Brooch ...... Circle series

ブローチ... ことわざブローチ シリーズ
Brooch ..... Proverb series

ブローチ...傘　　ピンズ... カエル
Brooch ..... Umbrella　　Pin .... Tree frog

ブローチ... マダムペルル 旅｜マダムペルル クロール｜雲｜マダムペルル ゴーグル　　ピンズ... 浮き輪
Brooch ..... Ms.perles trip｜Ms.perles swimming｜Cloud｜Ms.perles goggles　　Pin .... Swimring

ブローチ...吸い殻｜チラ見｜くちびる
Brooch ..... Cigarette end | Look away | Lips

ブローチ… イニシャルボーイ シリーズ | "zut!"チェッ

Brooch ….. Alphabet boy series | Shoot!

ネックレス ... Boy&Girl　ブローチ...オオカミボーン | ボンボンガール | カンガルーパンチ
Necklace .... Boy&Girl　Brooch ..... Wolf and Bone | BonBon Girl | Kangaroo Punch

ブローチ … mousse　ピアス … mousse
Brooch … Foam　Earrings … Foam

ブローチ...カルシウム｜秋田犬
Brooch ..... Calcium｜Akita Inu

ブローチ… トイプードル｜ダルメシアン｜キャバリア｜フレンチブルドッグ｜コリー｜ワイアーフォックステリア
Brooch ..... Toy Poodle｜Dalmatian｜Cavalier｜French Bulldog｜Collie｜Wire Fox Terrier

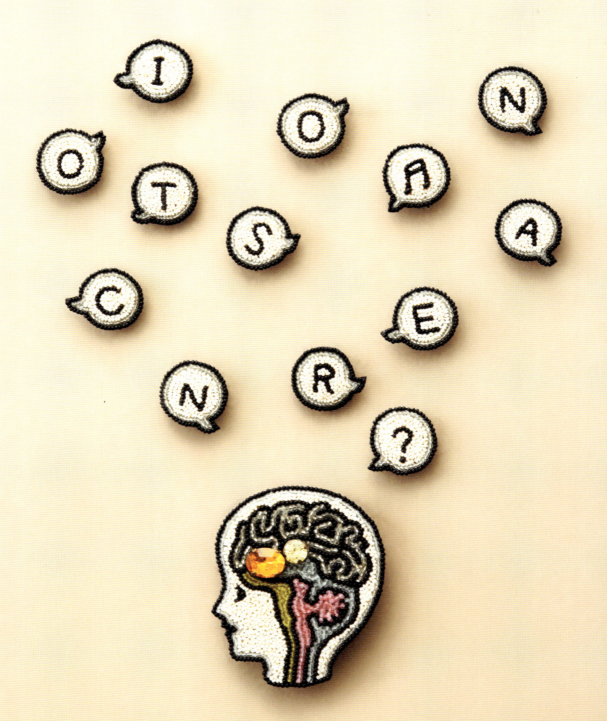

ブローチ...脳　　ピンズ... イニシャルピン シリーズ
Brooch ..... Brain　　Pin .... Alphabet series

ピアス.....立体ピアス 丸｜三角
Earrings... Round | Triangle

ブローチ...GALLERY MUVEILコラボレーション
Brooch .....GALLERY MUVEIL collaboration series

ブローチ／ネックレス／ピアス …haco! 神社YELLプロジェクト 上賀茂神社（賀茂別雷神社）コラボレーション
Brooch／Necklace／Earrings …… haco! ZINJYA YELL PROJECT collaboration with Kamigamo Shrine

ブローチ…CNL for 大浮世絵展 小林モー子 浮世絵ブローチ〈ポッペン〉|〈神奈川沖〉
Brooch ..... CNL for Dai-Ukiyoe Exhibition ‚Ukiyoe Brooch"Poppen" | "Off the coast of Kanagawa"

ブローチ／ピンズ／ピアス… アルチンボルド展
Brooch／Pin／Earrings…….. Design for Arcimboldo Exhibition

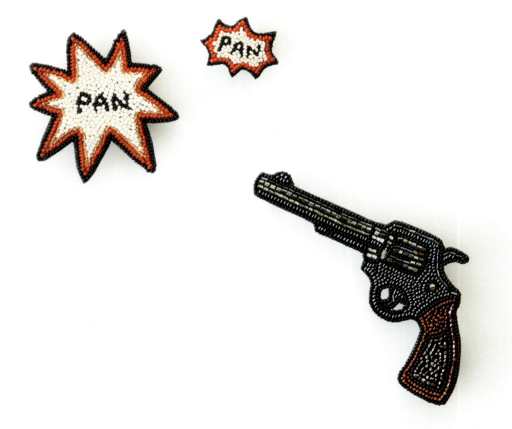

ブローチ…PAN PAN | ピストル　　ピンズ… PAN PAN Nano
Brooch .....PAN PAN | Pistol　　Pin .... PAN PAN Nano

Part_2

About a
Haute couture
embroidery

オートクチュール刺繍のこと

メゾン・デ・ベルルの作品は
オートクチュール刺繍の技法で生まれています

オートクチュールのドレスを華やかに彩る、ビーズやリボンの繊細な刺繍。フランスの選り抜きの職人たちによって、受け継がれてきたこれらの技法がオートクチュール刺繍です。パリにはこの技法を教える『Ecole Lesage broderie d'Art(エコール・ルサージュ)』という学校があります。1858年に創業した『メゾン・ミショネ』という刺繍工房をルサージュ夫妻が買い取り『メゾン・ルサージュ』を設立。そして、その技術を後世に残すため、1992年に学校を開きました。このオートクチュール刺繍には多様な技法があります。ビーズで面を埋める〈ヴェルミッセル〉、スパンコールを立たせるように刺す〈ムース〉、ビーズや糸などで立体的な造形をつくる〈ブラージュ〉……等々、その種類は数えきれないほどで、メゾンからの要望により今、新たに生まれる技法もあります。現在進行系で進化している点もオートクチュール刺繍の魅力なのです。メゾン・デ・ベルルのアトリエでもアクセサリーやバッグ、クッション等作品に合わせて施す刺繍には、より多彩な技法を用いています。素材もビーズだけでなく バイエット(スパンコール)や糸、リボンなどが加わります。

オートクチュール刺繍の技法を
ふんだんに用いて制作したメゾ
ン・デ・ベルルの刺繍教室教材。

パリ
リュネビル

リュネビル法は19世紀に生まれました

フランス北東部に位置するリュネビルは、"ロレーヌ地方のヴェルサイユ宮殿"と称されるリュネビル城があることでも知られる、小さくも歴史ある街です。19世紀初頭、リュネビル法はここで生まれました。オーガンジーのような薄く軽い素材にクロッシェ（かぎ針）を使い糸で刺繍を施す技法で、当時は工房などなく、代々家庭で受け継がれていたといいます。それが19世紀半ばにステッチの間にビーズやパールを刺す技術が誕生。その背景には、リュネビル法に魅せられたこの時代の王妃らが、優れた職人を呼び寄せ、より華やかな刺繍を考えるよう命じたことがあるとされています。同時期にパリで誕生したオートクチュール文化とも合わさり、リュネビル法は飛躍的な発展を遂げます。第一次大戦中は一時衰退しますが、第二次世界大戦が始まるまでの1920年代に再び注目を集め、『メゾン・ルサージュ』もこの頃に設立されました。第二次世界大戦後は効率化が優先され、リュネビル法はオートクチュールを始めとする高級服飾のものとして残り、今なおデザイナーたちの創造力を支えながら、新たな表現を生み出しているのです。

古い木製のメティエ（刺繍枠）。ネジも木工で精巧に作られている。

ビーズ織りの小物入れ。1930年代頃のものでビーズの粒は1ミリに満たない。

1930年頃のガラスビーズ。おそらく左の小物入れに使用されたビーズと同じもの。

リュネビル法に欠かせない "クロッシェ" のこと

リュネビル法にはクロッシェという特殊なかぎ針を用います。針先にカエシがあり、ここに糸を引っ掛けながら、オーガンジーなどにチェーンステッチを施していくのです。布をメティエ(刺繍枠)にピンと張って、その裏側に手を回し、糸やビーズなどを手繰り寄せながら、針で刺していきます。刺し手からはビーズが見えないため難易度の高い刺繍技法ですが、慣れれば早く美しい刺繍ができることからオートクチュールの世界で継承されてきました。優れた職人は必ず、長年愛用するクロッシェを持っています。まるで自分の指かのように繊細に動き、しっくりと手に馴染む一本は、柄の長さや太さもさまざまで、そこに自分が使いやすい太さの針を、好みの長さに調整して取り付けます。パリにある『エコール・ルサージュ』の講師も皆それぞれに、美しいクロッシェを持っています。中には柄に装飾や模様が施されているものも。右の写真のクロッシェは、メゾン・デ・ベルルにてオリジナルで制作したものです。あらゆる手仕事に通ずることですが、道具に敬意を払うことが美しい刺繍を刺すことに繋がります。

Crochet
クロッシェ

写真はプレゼントとしてモー子さんのために作られた、世界にひとつの
オリジナルクロッシェ。持ち手は堅く耐久性に優れ、程よい重さ。銃床
の素材にもなるフランス産のくるみ材を使用している。モー子さんのご
主人（！）の手によって、手にフィットする太さに丁寧に削り出されて
いる。先端についている特殊な形の針はドイツ製のもの。モー子さんは
70番の太さを愛用している。針を止めている真鍮製のパーツもご主人に
よる手仕事で、ねじ部分をフランスでよく見かけるものよりコンパクトに
収めたデザインになっている。メゾン・デ・ベルで販売しているの
は、このクロッシェをモデルとして、持ち手部分を変更したバージョン。

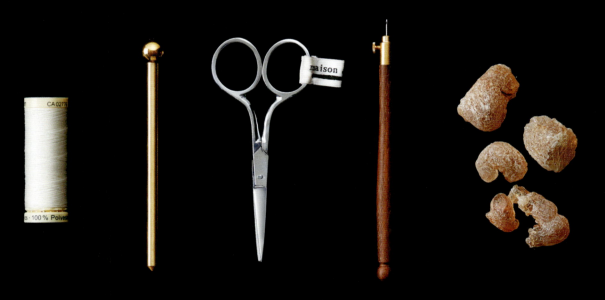

Sewing thread · Thread stand · Scissars · Crochet · Gum arabic

ミシン糸・糸巻き立て・ハサミ・クロッシェ・アラビアゴム

オートクチュール刺繍で用いる基本の道具。左からミシン糸、糸巻き
立て、ハサミ、クロッシェ、アラビアゴム。写真のゴールドの糸巻きは
メゾン・デ・ベルルのオリジナル。メティエの角に糸巻き立てを差し込
む場所があり、そこにセットして使用する。簡単に抜けないように安定
感が必要なので、重みのある真鍮製になっている。ハサミは糸を切る
ほかに、形の悪いビーズを刃の付け根に挟んで割るという役目もある。
アラビアゴムはアカシア属植物の樹脂を固めたもので、絵の具の定着
剤として古くから用いられている材料。水に浸して糊状に戻してから、
刺繍が完成した布の裏側に薄く塗り、糸のほつれ止めとして使用。

Yarn
糸

メゾン・デ・ベルルで最も多く用いるのは、ビーズやパイエットに通して使うドイツの『ギッターマン』社のミシン糸。『ギッターマン』社は1864年創業の老舗で、糸の撚りがしっかりとしていて扱いやすいのが特徴。色も228種と豊富に揃っているので、ビーズの微妙な色にあった糸を探しやすい。ほかに、刺繍糸として直接作品に刺す、フランスの老舗『DMC』社の25番糸や太めのコットンパール、撚りがなく作品の土台づくりに適したコットンルトールなどがある。糸の光沢を作品に取り入れたい時は、日本刺繍で用いる撚りがないシルクの糸を使うことも。仕上がりのイメージに合わせて、モール糸やレース糸も活用する。

Beads · Spangles · Parts
ビーズ・スパンコール・パーツ

1 パイエット…平らなスパンコールのこと。古いものはゼラチン製やベークライト製で、現代のものより色が繊細で光沢にも品がある。メゾン・デ・ベルルではヴィンテージのパイエットも使用する。**2 柄入りパイエット**…模様の入ったスパンコール。太陽のように見えるソレイユ柄など種類豊富。**3 変形パイエット**…楕円やドロップ型などのスパンコール。ドレスの裾の装飾などに用いる。メゾン・デ・ベルルではバッグの刺繍などに使用。**4 キュベット**…亀甲型の凹凸があるスパンコール。**5 フランスジェット**…ジェットはイギリスで生まれた喪服などに使われる黒いパーツ。それがフランスに渡り、色鮮やかになった。主に

ガラス製。**6 木製カボション**…カボションとは、カボションカットと呼ばれる宝石加工のためのカットを、石やガラス、貝などに施したもの。その木製バージョン。**7 ヴィンテージ・ビーズ**…ガラス製で粒が細かく、くすみがかった繊細な色が多い。**8 チューブビーズ**…竹ビーズのこと。ラインを使ってモチーフを表現したいときなどに用いる。**9 ヴィンテージ・スッフル**…吹きガラスで作られたビーズ。今でも製造されているが、古いものは色が豊富。**10 クリスタル・ガラス**…高品質なガラスを宝石のようにカットしたもの。**11 そのほかのパーツ**…ボタンなど糸で止められるものは材料になる。

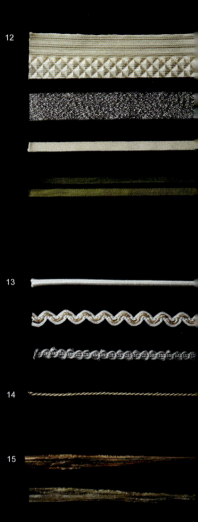

Ribbon · Raffia
リボン・ラフィア

12 リボン…幅や素材、製造国など多種多様。針に通して、花などのモチーフを立体的に刺繍することが出来る。13 スタッシュ…飾り紐。縫い込むこともあるが、ワッペンの縁取りなどのように、針と糸で上から縫い付けて使用することが多い。14 コード…ゴールドなどの糸を撚ってつくった紐。コード刺繍という技法があり、別糸で布の上に綴じ付けることによって、立体的な模様を描くことができる。シルバーやブラックなどもある。15 ラフィア…元々は腰蓑に使われていたヤシ科の植物・ラフィアのことを指す。現在は化学繊維で、天然のラフィアに似た素材を作っている。花や葉を刺繍で表すのに適した素材感。

Part_3

Past & Future

刺繍家・小林モー子の
これまでと、これから

母が教えてくれた「パターン」

　私は神奈川県の茅ヶ崎という海のそばの街で生まれ育ちました。父はサラリーマンで母は専業主婦という、ごくごく普通の家庭です。ただ、両親ともに「もの作り」が好きで。母は洋裁をしたり、時には公民館で料理教室をしたり、父も凝り性で、休みの日には能面を彫ったり、ろくろを回して茶碗を作ったり。私はといえば、近所の子と一緒に外で追いかけっこをしたり、秘密基地を作ったり、カブトムシを捕まえにいったり……ただただ毎日、気の向くままに遊んでいた活発な女の子だったと思います。

　そんな私が夢中になっていたのが手芸でした。小学1年生の頃からミシンを使うようになって、高学年になると、洋服の"仕組み"が気になって買ってきた服を一度バラバラに解体、そこから直接型をとって同じ服をもうひとつ作る……なんてことも。

　母から「パターン」という耳慣れない言葉を聞いたのは、その頃です。型を取って、布を切って……と楽しそうにしている私に、「それはパターンって言うのよ」と教えてくれたのです。若い頃の母は、やはり服飾の仕事や勉強に興味があったようで、私には編み物やパッチワークなど、いろいろなことを教えてくれました。

　中学生になっても手芸は私の日常生活の一部。やんちゃなクラスメートたちの学生服やスカートの丈をツメてあげたり（笑）、体育祭の衣装を手作りしたり。そんな私に、母はかつて自分が行きたかった学校の話もしてくれました。

「服のいろいろな勉強をさせてくれる"文化服装学院"っていう学校があるのよ」

　私も漠然と「いつか文化へ行きたいな……」と考えるようになっていました。

ステキなオトナたち

　そういう私も高校時代になると手芸ばかりではなくなります。高校が湘南の海岸沿いにあったこともあって、毎日毎日、夏も冬もサーフィンばかり。高校3年生になると早々に車の免許を取って、家の車でサーフ・トリップへ出かけたり……。一年中真っ黒に日焼けして、とにかく自由な毎日を過ごしていました。そんな毎日の中で、海や学校と同じくらい大切な場所だったのがアルバイトでした。最初は近所のレストランでウェイトレスのアルバイトをして働いていたのですが、ある日、ときどき来てくれる2人組の素敵な女性のお客さんから突然声をかけられたのです。

「アナタ、よかったら今度からウチの店で働かない？」「……!?!!?」

　ウチの店──ファッションブランド『SPORTIFF』が経営するカフェは、茅ヶ崎でもとても人気があり、ファッションブランド『ヒロミチナカノ』のデザイナー・中野裕通さんが顔を出していたり、モデルさんや芸能人もやって来るような場所。オーナーも「家の中でも靴を履いて生活している」という、西洋感覚たっぷりな素敵でちょっと特別なお店でした。

　私が洋服に興味があると知った中野さんが、フィッティングや撮影モデルのアルバイトを経験させてくれたり。この店に来るオトナたちから、ファッションや美味しいもの、美しいもの、そして仕事をするということ……今も私の根源にある大切なことを教えてもらいました。

「私も、こういうオトナになりたい」「こういう人たちと仕事がしたい」

　そう思うたび、「文化服装学院へ行って、服の勉強をする」という中学生の頃からなんとなく思い描いていた夢がどんどん明確になっていきました。

文化服装学院の3年間

　文化服装学院での3年間は「厳しかった」という思い出が強いです。高校時代からは一転、とにかく勉強して、徹夜で課題に取り組みました。アルバイトなんてしている時間はありません（笑）。私が専攻したのはアパレル技術科。パタンナー志望でした。パタンナーというのは、デザイナーが描いたデザイン画を型紙にする仕事のこと。自分で洋服をデザインするというよりも、「こう組み立てればきっとこういう形になる……」と、パターンをパズルのように組み立てていく作業が楽しかったのです。毎日出される山のような課題をこなしながら、学校と自宅を往復する学生生活が終わりに差し掛かった頃。ちょっと興味をそそられる展覧会が渋谷で開かれていることを知って、見にいったのです。タイトルは『パリ・モードの舞台裏』。

　この展覧会が、私の歩む道を大きく変えることになったのです。

小さく芽生えた憧れ

　会場内には、パリのモード界を支える、さまざまな職人の仕事や作品が紹介されていました。手袋やレースの工房、羽細工の工房、帽子工房──。そして、その中に刺繍工房『メゾン・ルサージュ』の仕事も展示されていたのです。驚くほど精巧に刺繍がさ

れたドレスやバッグ、コサージュに私の目は釘付けになりました。頭に浮かんだのは「これって一体、どうやって作っているんだろう？」という巨大なクエスチョンマーク。例えば、ぶどうを模したビーズ刺繍。ピンポン玉のような球体にびっしりとスパンコールが刺繍してあり、それがいくつも下地に縫い付けられていました。当時の私の刺繍の知識は学校で少し習った程度しかありませんでしたが、それにしても作り方が"少しも想像できない"ということに衝撃を受けました。

「すごい……」「こんな刺繍をいつかパリで学んでみたい……」

私の中に、そんな思いが芽生えたのはこの時でした。

仕事の理想と現実

文化服装学院卒業後、最初に勤めたのは『ヒロミチナカノ』でした。高校時代からお世話になっていた中野さんの事務所です。ちょうど中野さんがパリコレに進出した時期。パリに連れて行ってもらったり、ファッションブランドのさまざまな業務を経験させてもらえる刺激的な職場でした。ただそれでも、私は「パターンの仕事がしたい」とずっと考えていました。卒業後、パタンナーの仕事に就いた友人たちはこうしている間にも経験を積んでいる。「このままでいいのかな……」という気持ちが拭えずに、中野さんと相談して退社することを決めました。

そこからパタンナーの仕事に就くまでは苦労しました。「Ｏ型の人しか採用しない」という理由から不採用になる（ちなみに私はＡＢ型）、一度決まった就職先が勤務初日に倒産する……といった冗談のようなアクシデントもあったりして、結局、友人の紹介でパタンナーとして雇ってくれる会社が見つかりました。東京の渋谷区にある服飾会社で、パターンの部署は先輩と私の２人。毎日深夜まで、休日もほとんどなくとにかく仕事をしました。大変でしたが「パターンが引ける！」というだけで楽しかったし、やりがいもありました。

パリに行こう

そんな充実した日々に変化が訪れたのは、勤め始めて３年目のことでした。文化服装学院時代の友人が「パリに留学する」という話を聞いたのです。しかも、留学先はいつか渋谷で出会ったあの『メゾン・ルサージュ』が経営する刺繍の専門学校『エコール・

ルサージュ』。心の中で「私がいつか行きたいと思っていた学校だ!」とつぶやきました。「フランスへ行きたい」という思いがまたむくむくと私の中で大きくなっていきました。唯一気がかりだったのは、仕事のこと。少人数の会社だったので私が辞めれば先輩や同僚に迷惑がかかります。私は、この考えを会社の同僚で親友のユキちゃんに打ち明けました。すると彼女は、

「それならパリに行ったほうがいいよ」「仕事は気にしなくていいから」

　この言葉が背中を押してくれました。社長やほかの同僚たちも「パリへの足しになれば」と、軍資金まで工面してくれました。仕事の引き継ぎをしながら、ビザの申請、現地の語学学校と『エコール・ルサージュ』への入学手続き、滞在先を決めました。今しかない。そんな思いで準備に奔走した数か月間を経て、私がパリに発ったのは友人の話を聞いた10か月後、2004年1月のことでした。

念願のルサージュ

　フランスでの生活はパリ市郊外の街でスタートしました。市内にある語学学校までは電車で1本。駅の目の前にあるアパルトマンで、電車が到着するベルを聞いてから家を出ても、余裕で間に合うような部屋でした。忘れられないのは、パリに到着したその日に中国人の管理人・リーさんに言われた一言です。

「パリには、何かを学びに来たのにその後もパリに居続けて、結局、何のためにこの街に来たのか分からなくなる人が大勢いる。それだけは気をつけなさいね」

　2か月後、語学学校のカリキュラムを終え、いよいよルサージュに通い始めました。まるで、文化服装学院時代のように学校と家を往復する毎日。ルサージュはパリ唯一のオートクチュール刺繍の学校で、工房時代まで遡ると100年余りの歴史がありました。2002年には世界的ファッションブランド『シャネル』の資本が入り、そのサポートを受けながら貴重な刺繍技術を次の世代へと伝える場になっています。

　ルサージュでは自分でカリキュラムを組み合わせて受講します。私は短期間でできるだけ多くのことを学びたかったのと、就学ビザの条件もあって、週5日、みっちり学校に通いました。3日間はかかる課題が授業ごとに出されるのに、毎日学校に行かなくてはいけないので、授業が終わるとすぐに家に帰り、朝まで課題をやって、また学校へ行く——なんていうこともしばしば。授業はもちろんすべてフランス語ですが、残らずノートに書き写して、分からない言葉や専門用語は家で復習しました。

遊んだり休める時間はあまりありませんでしたが、クロッシェを握って、糸やビーズを刺していく静かな時間は本当に好きでした。新しい技術を身につけていくことにも夢中でしたし、その背景にある歴史を知ることも私にとっては貴重な時間でした。そして、その技術や歴史をもとに新しいものを生み出そうとするオートクチュール刺繍の自由な空気が何より心地よかった。ルサージュでの日々は駆け抜けるように過ぎ去っていきました。

蚤の市での2つの出会い

ルサージュに通っていた時期、束の間の休みに気分転換に訪れていたのが蚤の市でした。元々、私は古いものが好き。アンティークやヴィンテージと呼ばれる品々を見て回ることが楽しみでした。そこで初めてヴィンテージビーズという存在を知りました。驚くほど小さな粒、くすみがかった独特の色——数十年という長い時間が加わった美しさに一瞬にして魅了されました。

夏休みのある日、私は久しぶりにヴァンブの蚤の市を訪れていました。すると、自分と同じように骨董を見て歩くひとりの男性が目にとまったのです。私より随分年上で、日本人のようにも見えるけれど、佇まいはパリジャンそのもの。そして、私が気になった骨董品にことごとくその男性が先に手を伸ばします。相手も私が気になっていたのか、出口まで来ると「どこの国の人？」とフランス語で尋ねられました。私が「日本人です」とフランス語で答えると、「あぁそう。東洋人だとは思ったけど」と彼は驚いた様子でした。それが、画家の大月雄二郎氏との出会いでした。

共同制作で生まれたスタイル

彼は1970年代からパリに住んでいて私にとっては大先輩でしたが、初対面とは思えないほどウマが合って、あっという間に仲良くなりました。「先輩」というより「友人」「親友」のほうがしっくりくる、そんな間柄です。私がルサージュに通いながら抱き続けていた、ある思いにも共感してくれました。私はルサージュで学ぶ刺繍技術の素晴らしさは理解する一方で、課題として出される花や鳥といった古典的なモチーフを好きになれずにいました。率直に言ってしまうと、
「古臭いなぁ……」「もっと自分らしいモチーフを考えたい」

　彼はそんな私の感覚を「よく分かる」と言ってくれ、そして、ある提案を私に持ちかけてくれました。

「ちょっとこれ、やってみない？」と、私に手渡したのは彼が描いた1枚の絵でした。「この絵を刺繍したらどうか」と言うのです。彼が"試験"と呼んだその作品に、私なりに考えて刺繍を施し、後日持っていきました。仕上りを見た彼は、

「面白いよ、これ！」「もっとほかの絵もやってみよう」

　そこから私たちの共同制作が始まりました。彼の作品——油絵や版画を図案に刺繍していく。最初のうちは、ルサージュで学んだテクニックを絵の上に詰め込むように、スパンコールや刺繍糸なども使っていましたが、どうもしっくりいきません。

「絵を見せることを第一に考えたら、技術の種類を詰め込むことは重要じゃない」

「道具（技術）は少ないほうが役に立つ」

　彼のその言葉で、やがてビーズだけを使ってビーズ一粒一粒が持っている表情を生かすシンプルな刺繍スタイルとなり、この事が自分らしさを見つけるための糸口になりました。今の私の刺繍のスタイルは、彼との出会いが導いてくれたといっても言いすぎではありません。

初めての2人展

　ところがその一方で、ルサージュでのカリキュラムが終わった私は、ビザの関係で日本に帰国しなければならない状況になっていました。日本でたくわえた貯金もギリギリ。そんな私がパリに残るきっかけになったのが、大月さんの知り合いで、Seine通りにある老舗ギャラリー『ヴァロワ』の主人、ボブでした。私たちの作品を見て、「個展を開こう」と提案してくれました。「そのためにモー子はパリに残るべきだ」とも。そしてボブが小切手を切って作品が売れたときの代金の先払いをしてくれたのです。大月さんは「制作のために」と、自分が借りていた小さなアトリエを私に使わせてくれました。

　大月さんやボブだけではありません。時期を同じくして、素晴らしい出会いがいくつもありました。後に私のアトリエ『maison des perles（メゾン・デ・ペルル）』のロゴを作ってくれる沙織さんと出会ったのもこの頃。彼女は私にウェディングの仕事——ウェディングドレスに刺繍を施したり、コサージュなどの小物を作る仕事を紹介してくれ、少しずつ、パリで生活していけるだけの基盤が出来ていきました。いくつもの仕事場とアトリエを往復しながら、自分らしい表現、自分らしい生き方を少しずつ手繰

り寄せていくような日々だったように思います。その一方で、蚤の市で見つけた小さなパーツを組み合わせてアクセサリーを作ってみたり、そうした作品をブログにアップしたり……いろいろなことを始めたのもこの頃です。

メゾン・デ・ベルルの原型

　2009年の冬、パリに住んでいる職人やクリエイターの友人たちと一緒に、仙台のセレクトショップでイベントをやろう、ということになったのです。その時、私がつくったのは3種類のビーズのブローチ。「シャンパンとグラス」「吹出しと唇」「宿り木」でした。黒いビーズでアウトラインを描き、その中に色のビーズを刺すという、大月さんとの作品制作で生まれたスタイルでビーズを刺繍していきました。

　今見返すとアクセサリーの裏側は革を貼り付けただけですし、素材の選び方や技術の至らないところもたくさんあります。ですが、「シャンパンとグラス」のグラスの部分を別パーツとして取り付けて、ゆらゆらと揺れるようにし、動きの瞬間を表現していたり、「吹き出しと唇」のようにアクセサリーのモチーフにはありそうでなかったものだったり、メゾン・デ・ベルルのアクセサリーの原型、コンセプトはこの時すでに生まれていたのです。

　イベントでの反応は上々でした。期間中に持ち込んだすべてのブローチは完売し、セレクトショップからは「このブローチを取り扱いたい」と言ってもらえました。
　「もしかしてこれ仕事になるかも……」「刺繍家としてやっていけるかな……」
　そう思うきっかけとちょっとした自信をくれた経験でした。

パリから学んだこと

　日本への帰国はある時、ふっと自然に決まったように思います。
　仙台での手応えを感じていた私の元には、ブログを通じて多くの問い合わせが入るようになっていて、その中には「アクセサリーを取り扱いたい」「日本に帰ってきたら刺繍を教えて欲しい」というメッセージもありました。
　同時に、いつか管理人のリーさんに言われた言葉もよみがえってきました。何のためにこの街に来たのか分からなくなってしまわないように——。
　「私の刺繍作品や技術を求めてくれる人が、日本にいるのかもしれない」

そういう感覚もありました。そして、パリに来た時と同じように。「今がその時なんだ」という感覚も確かに私の中にあって、まるで大きな波に乗ってぐんぐん進んでいるようでした。大月氏は「やりたいことがあるんだったら、試してみたら？」と、背中を静かに押してくれました。

パリでの生活を振り返って一番感じることは、「自分で動く」ことで得られるものがどれほど多いか、ということです。もしパリに行っていなかったら、私の7年はあれほどに濃密ではなかったと思うのです。言葉も文化も違う国で、次々と新しい体験が押し寄せ、小学生に戻ったかのように、あらゆることを吸収し続けた時間でした。

もともとパリに憧れがあったわけではなく、刺繍を学びたい一心で渡仏した私でしたが、身に付いたのはオートクチュール刺繍の技術だけではありませんでした。パリは私を強くしてくれました。

自分の意見をはっきりと伝えること。

認めてもらうためには自ら動くこと。

自分の人生を、正しく楽しく生きる姿勢を学んだ貴重な7年間でした。

たくさんの人に恵まれて

帰国後の生活も目まぐるしく過ぎていきました。最初にしたのは住居兼アトリエを探すこと。何せ7年間もフランスにいたので、部屋を借りるにも住民票や収入を証明するものはありませんし、印鑑も携帯電話すら持っていませんでしたから。それでもそんな私を見かねたのか、不動産屋の担当者さんがオーナーと掛け合ってくれて、笹塚のボウリング場の上にあるマンションに部屋を借りることができました。その部屋から『メゾン・デ・ベルル』はスタートしたのです。

サポートしてくれたのは、7年前パリ行きを押してくれたユキちゃんや友人たち。刺繍教室の手伝いや書類作りなども手伝ってくれました。帰国直後、まったく無名で、何の実績もお金もない私のアクセサリーを扱ってくれた某大手百貨店のバイヤーさんも親身になってくれました。バイヤーさんたちとの初めて打ち合わせ。小さなブローチを3つ、おずおずと机の上に出した時の、その場の「えっ!?　コレ……だけ!?」というなんとも言えない空気（笑）。それでもバイヤーさんはポケットマネーでイベントの準備費用まで前払い（「これ、絶対に返してね」と何度も念を押されましたが）してくれました。

ビーズの連なりが人との縁を繋いでくれた——と言ったら格好つけ過ぎかもしれま

せんが、私はとにかく「人に恵まれていたな」と思います。周りにはいつも、頼もしく素敵な人たちがいてくれました。

チームだからこそできること

　今、メゾン・デ・ベルルを支えてくれているメンバーが加わったのもその頃です。最初は週末だけ仕事の合間に手伝ってもらっていたのが、先に仕事をやめて押しかけてきちゃった人。一緒に何かできたら面白そうだなと思っていた人。さまざまな偶然や縁が重なって、メゾン・デ・ベルルのメンバーがひとり、またひとりと増えていきました。それと並行して、アクセサリー作りだけでなく、雑誌やテレビ、広告の仕事からも声をかけてもらうようになって、仕事の幅も大きく広がっていくようになりました。

　アトリエを立ち上げた頃は、「ひとりで仕事をしていくものだ」と思っていました。そう決めていたというよりは、「人を雇う」ということがまったく想像できませんでした。当たり前ですよね。小さなアクセサリーを作って、先も見えないまま走り出したので。でも、今ではチームであることが心強く、メンバーの意見を取り入れながら作品をつくることを面白いと思える。私が作っているのは、決してアート作品ではなくて、工芸品であり製品だと思っています。だから、自分以外の誰かが「いいね」と思うものを知ること、聞くことも大切なのです。

想像を超えるものを生み出す

　それでも順調なことばかりではありません。日本で仕事を始めて1、2年経った頃でしょうか。ある広告の仕事で、まったく良いアイデアが浮かばないということがありました。クライアントの要望に応えようと思えば思うほど、納得のいく刺繍が出来ません。そんな私に厳しい言葉を投げかけてくれたのは、大月氏でした。
「依頼主は作家の作風を見て、ある程度、完成をイメージして注文してくる」
「でも、そのイメージを超えるようなものを作らないとダメ。それも毎回だよ。人の期待を超えるものをその都度示せなければ、作り手としては生き残れないよ」

　その言葉こそ大切なことだと思うのです。今も、私は新しい仕事を引き受けるたびに、新しいチャレンジをひとつ自分に課すことにしています。扱い慣れた技法だけで仕上げるのではなくて、「やってみたことがない何か」を加えるようにしています。初

めての材料を用いてみたり、これまで使ってこなかった技術を試してみたり。自分以外の誰かの視線や期待、思いは自分の「引き出し」を増やす貴重な体験です。

　2度目のパリ留学をしたのは、そうした「引き出しを増やしたい」という思いからです。ルサージュのインテリアコースと、金糸を使って刺繍をするゴールドワークという技法を『Atelier bégonia d'or(アトリエ・ベゴニア)』で学びたかったのです。2016年の夏、3か月間の短い留学ですが、その時、私は結婚したばかりで、お腹の中には娘がいました。それでも「なんとかなる」ものですね(笑)。フランスへ渡り、2週間はルサージュに、残りの2か月はフランス西部の街・ロ シュフォールで"フランスの人間国宝"とも言われている「メートル・ダール」を受章しているシルビーさんから、マンツーマンでゴールドワークを学びました。

「これをオートクチュール刺繍と組み合わせたらどうなるだろう……！」

　一日8時間、ひたすらに刺繍と向き合う時間。新しい何かと触れ合う瞬間は、私にとって、やはりかけがえのないものなのです。

新しい何かを。新しい自分を

　今、私が気になっている新しい何かは「立体」です。思い切って粘土を使って何か立体作品を作りたいな、と考えています。例えば、これまでビーズでアクセサリーとして表現していた「ウサギ」というモチーフも、素材が粘土に変われば「どうやって毛並みを表現したらいいんだろう？」とか、考えることが山ほどあります。そうやって考えたりすることが、これからの刺繍にも生かされるかもしれません。

　オートクチュール刺繍が素晴らしいなと思うのは、単なる伝統技法ではないというところです。ファッションデザイナーから「木の皮やビニールを洋服に縫い付けたい」とオーダーされれば、そのための技法を考えるのがオートクチュール刺繍なのです。常に進化し続け、その先に新しい表現が生まれます。だからこそ私自身も、いつも新しい何かをキョロキョロと探し続けていたいな、と思っています。

　私たちがいま取り掛かっているのは縁起物の「熊手」をモチーフに取り入れたウェディングドレスの刺繍。平面状に盛り込まれてはいるけれど限りなく立体です。

「ビーズやスパンコール、糸でどうやって表現していこうかな……」

　今日も、熊手とにらめっこしながら、ひとりニヤニヤしています

特別読み切り

ぺるる日記

作・画 ぎゅうにゅう

出版記念特別企画!!
Twitterで大人気のマンガ家・ぎゅうにゅうさんが、
メゾン・デ・ペルルにドキドキ潜入取材!!
謎のベールに包まれた
モー子さんとペルルの真実が、
いま明らか…に!?!?

はじめまして

昼下がりのモー子さん

尊敬する人

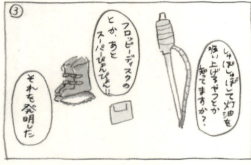

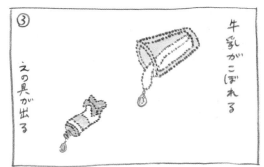

クロッシェ あるある　　　　ビーズ あるある

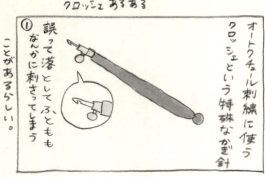

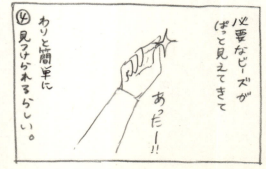

ビーズ あるある ②

① スタッフのいとうさん

ビーズが入ったボウルを今までで唯一ひっくり返してしまった人。

あっ…

ザバッ

②

ごめんなさいごめんなさいい

わー!!!

あのほう

③

いとうさん絶対ゆるすと思った～

キャー

キャー

④

ううう誰も手伝ってくれない

キャー

カシャ カシャ

刺繍をするときは下からビーズをたぐり寄せて裏から刺繍するんですが

⑤ 完成して表から見たとき、線が歪んでたりそれぞれ顔が違っていて。

それを見て、

⑥ この顔さ、

なんかあの子に似てない？あのほら…

そういえばさ、

⑦ いとうさんって子どもがすっごい懐くじゃん、私とれなんでかわかったんだよ!!気付いたの!!

⑧ 似てるんだよ、子どもが大好きなアレに!!ア○パンマンに!!

こうやって話が脱線していくくらい。

アパ…

モー子さん 大阪へ行く

① 私、本当に忘れられないことがあって

モー子先生が初めて大阪でイベントをやったことがあったんです

② 二度と大阪には行かない

もうすっっごい寒かった!!! 本当に寒かった!!!

真冬で一階の売り場に吹き込む風がすごくそうとう寒かったらしく…

③ 応援にきました——

ところがその後またしても大阪でイベントすることに。2日後くらいにいとうさんも。

④ ヘ？…

今日5軒行くからね!!

いとうさん、

するとその日のイベント後…

⑤ よし次行こう

アイクラ!!

いとうさん

アイクラ とろう アイクラ

もう1杯見てますけど!

お好み焼き屋

大丈夫行きますよ店探をしながら

⑥ もう行くの!?

たこやき屋

おでん屋

パクパク

もう行くよっ

よしっ

いかやき屋

⑦ モーちゃんいらっしゃい!!

ガラガラ…

あっ

モーちゃん!?

もうひとりですよ〜

じゃあそろそろ行きつけの店行こうか

行きつけ!? 大阪2日目なのに

⑧ このお店(ひできの店)には、5日間毎日通ったそう。あんなに大阪にはもう行かないと言ってたのに…

あの、私もうまじで帰ります

え—!! いいけど〜

結局この日は4時頃まで飲んだ——

モーちさんと仲間たち

～以上、ペルル日記 おしまい～

ぎゅうにゅう……夫と4歳の長女、0歳の次女と暮らす主婦、ときどきマンガ家。子育ての日々を描いたイラスト日記がSNS上で大人気になり、単行本『ぎゅうにゅう日記』を出版。現在、子育てのかたわらコミックサイト『バチクリ!』での連載のほか、雑誌、広告などでも活躍中。
Twitter：@gyuunyuu_umai　Blog：http://gyuunyuuumai.com/

Embroidery design 刺繡図案

「動物」「草花」「果実」「魚」をモチーフにした、モー子さん描き下ろしの素敵な刺繡図案を特別に。
メゾン・デ・ベルの刺繡にぜひチャレンジしてみてください。

〈 Animal 動物 〉

〈 Fruit 果実 〉

〈 Fish 魚 〉

INDEX　収録アクセサリー詳細一覧

本書に収録されている全アクセサリーの詳細データ《アイテム名…発表年月・本体サイズ＋附属サイズなど》を掲載ページごとにまとめた索引です。

※サイズはおおよその大きさです。　※季節限定販売アイテム、Webサイト限定販売アイテムも含まれています。

※ヴィンテージビーズ素材の入手困難などの理由から、廃盤（2018年6月現在）になっているアイテムも含まれていますが、代替可能なビーズが見つかった場合は、制作を再開する可能性があります。

Apr.2011, W2.0×H1.8cm｜TeruTeru Nano Necklace…Aug.2010, W1.5×H2.0cm+Chain L40cm｜Apple Nano Necklace…Dec.2011, W2.1×H2.5cm+Chain L40cm *Also pin type and earring type｜Stars Nano Pin…Apr.2011, W2.8×H2.0cm *Also necklace type｜Cat Nano Pin…Apr.2015, W1.7×H2.3cm *Also necklace type and earring type｜Rocket Nano Pin…Dec.2012, W2.0×H3.3cm *Also necklace type｜Drunkard Nano Pin…Jul.2012, W2.0×H3.1cm｜Tree Nano Pin…Dec.2016, W2.1×H2.8cm｜Alien Nano Necklace…Dec.2010, W1.2×H2.3cm+Chain L40cm *Also earring type｜French Bulldog Nano Necklace…Apr.2011, W1.7×H2.2cm+Chain L40cm *Also pin type and earring type｜Pencil Nano Pin…Mar.2016, W1.0×H2.5cm｜House Nano Pin…Dec.2010, W1.9×H2.0cm｜Jewelry Nano Pin Gold…Nov.2010, W2.3×H1.9cm *Also necklace type and earring type｜Hand of cat Nano Pin…Dec.2012, W1.7×H2.4cm｜Medal Nano Pin…Oct.2016, W1.7×H1.7cm *Also necklace type｜Peke Nano Pin Silver…Apr.2011, W2.6×H2.6cm｜"Oui" Nano Necklace…Nov.2014, W2.2×H1.9cm+Chain L40cm *Also pin type and earring type｜Margaret Nano Pin…Feb.2016, W2.5×H2.1cm｜Martini Nano Pin…Jun.2017, W1.9×H2.7cm｜Chameleon Nano Pin…Aug.2013, W3.0×H1.9cm｜First magnitude star Nano Pin Gold…May 2015, W2.1×H2.4cm｜Fried egg Nano Pin…Apr.2011, W2.5×H1.9cm｜Car Nano Pin…Dec.2016, W3.3×H1.6cm｜Duck Nano Necklace…Apr.2013, W3.0×H2.2cm+Chain L40cm *Also pin type｜Guts pose Nano Pin…Oct.2016, W1.5×H2.6cm｜Climber Nano Pin…Apr.2011, W1.6×H2.8cm｜Watermelon Nano Pin…May 2012, W2.8×H1.5cm｜Red pencil Nano Pin…Mar.2016, W1.0×H2.5cm｜Career woman Nano Pin…Apr.2011, W2.0×H1.5cm｜Pumpkin Nano Pin…Sep.2013, W2.1×H1.8cm｜Clione Nano Necklace…Dec.2012, W2.1×H2.7cm+Chain L40cm *Also pin type and earring type｜Chick Nano Pin…Mar.2014, W2.2×H2.6cm *Also necklace type｜Podium Nano Pin…Oct.2016, W2.2×H2.3cm｜Bell Nano Pin…Dec.2011, W1.9×H2.1cm *Also necklace type｜Freehand heart Nano Pin Silver…Dec.2010, W2.0×H2.0cm *Also earring type｜Collar Nano Pin…Mar.2017, W2.3×H2.0cm｜Saturn Nano Necklace…Sep.2013, W2.7×H1.9cm+Chain L40cm *Also pin type｜Rose Nano Pin…Feb.2016, W2.4×H2.5cm｜Coffee beans Nano Pin…Jun.2017, W1.3×H1.6cm｜Radish Nano Pin…Nov.2012, W1.9×H3.5cm｜20% Nano Pin…Jul.2012, W2.3×H1.4cm｜Leaf Nano Pin…Apr.2012, W3.2×H1.6cm *Also necklace type｜Shopping Nano Pin…Apr.2011, W1.6×H3.2cm｜PAN PAN Nano Necklace…Dec.2010, W2.7×H2.0cm+Chain L40cm *Also pin type and earring type｜Candy Nano Pin Peach…Oct.2013, W3.3×H1.3cm｜Bat Nano Pin…Sep.2013, W3.3×H2.0cm *Also necklace type｜Bone Nano Pin…Dec.2017, W2.6×H1.1cm｜Traveler Nano Pin…Jul.2012, W1.9×H3.3cm｜Pointing Nano Pin Blue…Nov. 2010, W2.8×H1.6cm *Also necklace type and earring type｜Freehand heart Nano Pin Red…Dec.2010, W2.0×H2.0cm

P. 20
地球と月ブローチ…2015年12月・地球 H5.5×W5.5cm+月 H1.1×W1.1cm

Earth and Moon Brooch…Dec. 2015,Earth W5.5×H5.5cm+Moon W1.1×H1.1cm

P. 21
ハテナブローチ…2011年6月・H6.3×W4.3cm+H1.4×W1.4cm

Question mark Brooch…Jun. 2011, W4.3×H6.3cm+ W1.4×H1.4cm

P. 22
棒ブローチ…2015年12月・H3.5×W7.5cm+H1.5×W1.0cm｜プルーンブローチ…2015年12月・H6.0×W9.0cm+H2.1×W1.6cm｜びわブローチ…2016年2月・H6.1×W7.0cm+H1.5×W1.2cm｜時計草ブローチ…2015年12月・H4.7×W8.0cm+H1.9×W0.8cm｜どんぐりブローチ…2015年12月・H8.0×W7.5cm+H1.5×W1.2cm｜コケモモブローチ…2015年12月・H6.0×W6.0cm+H0.8×W0.8cm｜銀杏ブローチ…2015年12月・H6.5×W5.7cm+H0.8×W0.8cm

Camellia Brooch…Dec.2015, W7.5 × H3.5cm+ W1.0 × H1.5cm｜Prune Brooch…Dec.2015, W9.0×H6.0cm+ W1.6×H2.1cm｜Loquat Brooch…Feb.2016, W7.0×H6.1cm+W1.2×H1.5cm｜Passion flower Brooch…Dec.2015, W8.0×H4.7cm+ W0.8×H1.9cm｜Acorn Brooch…Dec.2015, W7.5 × H8.0cm+ W1.2 × H1.5cm｜Lingonberry Brooch…Dec.2015, W6.0 × H6.0cm+ W0.8 × H0.8cm｜Ginkgo Brooch…Dec.2015, W5.7 × H6.5cm+ W0.8×H0.8cm

P. 23
カメリアブローチ 赤…2010年2月・H4.3×W6.5cm｜カメリアブローチ 白…2010年2月・H4.3×W6.5cm

Camelia Brooch Red…Feb.2010, W6.5 × H4.3cm｜Camelia Brooch White…Feb.2010, W6.5×H4.3cm

P. 24-25
絵の具ブローチ 赤…2012年12月・H2.7×W6.0cm+H1.4×W1.0cm｜絵の具ブローチ 緑…2012年12月・H2.7×W6.0cm+H1.4×W1.0cm｜絵の具ブローチ 黄…2012年12月・H2.7×W6.0cm+H1.4×W1.0cm｜絵の具ブローチ 青…2012年12月・H2.7×W6.0cm+H1.4×W1.0cm｜Bijouxブローチ ルビー…2008年10月・H5.5×W4.3cm｜Bijouxブローチ エメラルド…2008年10月・H5.0×W4.4cm｜Bijouxブローチ シトリン…2008年10月・H5.0×W4.9cm｜Bijouxブローチ サファイア…2008年10月・H5.5×W4.4cm｜Bijouxブローチ ダイヤ…2008年10月・H5.3×W4.3cm｜Bijouxピアス ルビー…2013年12月・H3.3×W2.4cm｜Bijouxピアス エメラルド…2013年12月・H3.2×W1.7cm｜Bijouxピアス シトリン…2013年12月・H3.1×W2.3cm｜Bijouxピアス サファイア…2013年12月・H3.4×W2.1cm｜Bijouxピアス ダイヤ…2013年12月・H3.0×W2.0cm

Paints Brooch Red…Dec.2012, W6.0×H2.7cm+ W1.0×H1.4cm｜Paints Brooch Green…Dec.2012, W6.0 × H2.7cm+ W1.0 × H1.4cm｜Paints Brooch Yellow…Dec.2012, W6.0×H2.7cm+ W1.0×H1.4cm｜Paints Brooch Blue…Dec.2012, W6.0 × H2.7cm+W1.0×H1.4cm｜Paints Brooch Bronze…Dec.2012, W6.0 × H2.7cm+W1.0×H1.4cm｜Jewel Brooch Ruby…Oct.2008, W4.3×H5.5cm｜Jewel Brooch Emerald…Oct.2008, W4.4 × H5.0cm｜Jewel Brooch Citrin…Oct.2008, W4.9 × H5.0cm｜Jewel Brooch Sapphire…Oct.2008, W4.4 × H5.5cm｜Jewel Brooch Diamond…Oct.2008, W4.3 × H5.3cm｜Jewel Earring Ruby…Dec.2013, W2.4 × H3.3cm｜Jewel Earring Emerald…Dec.2013, W1.7×H3.2cm｜Jewel Earring Citrin…Dec.2013, W2.3×H3.1cm｜Jewel Earring Sapphire…Dec.2013, W2.1×H3.4cm｜Jewel Earring Diamond…Dec.2013, W2.0×H3.0cm

P. 26
"amour(愛)"eyeちゃんブローチ…2012年12月・H5.6×W6.2cm ※廃盤｜"Secret(秘密)"小森さんブローチ…2012年7月・H6.0×W5.3cm ※廃盤｜"Avec moi(私と一緒に)"ロバートブローチ…2012年7月・H5.7×W6.0cm ※廃盤｜"Salut!!(こんにちは!!)"鬼塚くんブローチ…2012年7月・H5.3×W5.4cm ※廃盤｜"trésor(宝物)"吉田くんブローチ…2012年12月・H5.6×W5.7cm ※廃盤

"Love"Ms.Eye Brooch…Dec.2012, W6.2×H5.6cm *Discontinued｜"Secret"Ms.Komori Brooch…Jul.2012, W5.3×H6.0cm *Discontinued｜"Along with me"Mr.Robert Brooch…Jul.2012, W6.0×H5.7cm *Discontinued｜"Hello!!"Mr.Onizuka Brooch…Jul.2012, W5.4 × H5.3cm *Discontinued｜"Treasure"Mr.Yoshida Brooch…Dec.2012 W5.7 × H5.6cm *Discontinued

P. 27
Jewelブローチ エメラルド…2011年4月・H3.8×W5.7cm+H1.4×W1.0cm ※廃盤｜Jewelブローチ サファイア…2011年4月・H3.9×W6.0cm+H1.4×W1.0cm ※廃盤｜Jewelブローチ シトリン…2011年4月・H4.2×W6.0cm+H1.4×W1.0cm｜Jewelブローチ ダイヤモンド…2011年4月・H4.2×W6.3cm+H1.4×W1.0cm ※廃盤｜Jewelブローチ アメジスト…2011年4月・H4.0×W5.4cm+H1.4×W1.0cm ※廃盤

Jewel Brooch Emerald…Apr.2011, W5.7 × H3.8cm+ W1.0 × H1.4cm *Discontinued｜Jewel Brooch Sapphire…Apr.2011, W6.0×H3.9cm+ W1.0 × H1.4cm *Discontinued｜Jewel Brooch Citrine…Apr.2011, W6.0 × H4.2cm+ W1.0 × H1.4cm｜Jewel Brooch Diamond…Apr.2011, W6.3×H4.2cm+ W1.0 × H1.4cm *Discontinued｜Jewel Brooch Amethyst…Apr.2011, W5.4×H4.0cm+ W1.0 ×H1.4cm *Discontinued

P. 28-29
オカメインコブローチ…2011年7月・H8.5×W2.8cm+H0.8×W0.8cm｜フクロウブローチ…2016年6月・H5.8×W3.1cm｜フラミンゴブローチ…2013年12月・H4.2×W5.2cm+H3.2×W1.0cm｜スワンブローチ…2014年4月・H4.3×W5.5cm+H0.8×W0.6cm｜ツバメブローチ…2010年10月・H7.0×W5.5cm+H0.8×W0.8cm｜セキセイインコブローチ…2013年10月・H8.2×W2.5cm｜めじろブローチ…2015年3月・H2.7×W6.5cm+H0.8×W0.8cm｜ペンギンブローチ…2011年7月・H6.5×W4.1cm+H0.8×W0.6cm｜文鳥ブローチ…2013年10月・H7.0×W2.6cm+H0.8×W0.8cm

｜ハトブローチ…2010年10月・H7.0×W5.5cm+H0.8×W0.8cm

Cockatiel Brooch…Jul.2011, W2.8×H8.5cm+ W0.8×H0.8cm | Owl Brooch…Jun.2016, W3.1×H5.8cm | Flamingo Brooch…Dec.2013, W5.2×H4.6cm+ W1.0×H3.2cm | Swan Brooch…Apr.2014, W5.5 × H4.3cm+ W0.6 × H0.8cm | Swallow Brooch…Oct.2010, W5.5 × H7.0cm+ W0.8 × H0.8cm | Budgerigar Brooch…Oct.2013, W2.5 × H8.2cm | Mejiro Brooch…Mar.2015, W2.5 × H4.0cm+ W0.8×H0.8cm | Penguin Brooch…Apr.2011, W4.1×H6.5cm+ W0.6×H0.8cm | Java sparrow Brooch…Oct.2013, W2.6 × H7.0cm+ W0.8×H0.8cm | Pigeon Brooch…Oct.2010, W5.5×H7.0cm+ W0.6×H0.8cm

P. 30
パンプスブローチ…2015年10月・H4.5×W5.5cm｜ドアブローチ…2017年10月・H6.0×W3.1cm｜"C'est la vie!"「それが人生!」ブローチ…2013年10月・H3.5×W6.2cm｜イスブローチ…2017年10月・H6.1×W3.9cm｜ライトピアス…2017年10月・H2.6×W2.7cm+チェーン長7.0cm　※片耳用｜!?ピアス…2016年3月・!：H3.0×W0.9cm+H0.8×W0.8cm、?：H3.0×W2.0cm+H0.8×W0.8cm

Pumps Brooch…Oct.2015, W5.5×H4.5cm | Door Brooch Oct.2017, W3.1 × H6.0cm | That's life Brooch…Oct.2013, W6.2×H3.5cm | Chair Brooch…Oct.2017, W3.9×H6.1cm | Light Earring…Oct.2017, W2.6 × H2.7cm+Chain L7.0cm *For one ear | !? Earrings… Mar.2016,! : W0.9×H3.0cm+ W0.8×H0.8cm,? : W2.0×H3.0cm+ W0.8×H0.8cm

P. 31
タッセルピアス 赤…2015年5月・H1.3×W1.3cm+H5.0×W2.4cm｜タッセルピアス 青…2015年5月・H1.3×W1.3cm+H5.0×W2.4cm｜タッセルピアス 黄…2015年5月・H1.3×W1.3cm+H5.0×W2.4cm

Tassel Earrings Red…May 2015, W1.3×H1.3cm+ W2.4×H5.0cm | Tassel Earrings Blue… May 2015, W1.3×H1.3cm+ W2.4×H5.0cm | Tassel Earrings Yellow…May 2015, W1.3× H1.3cm+ W2.4×H5.0cm

P. 32
"oh la la～"「あらら…」ブローチ…2016年5月・H3.0×W5.7cm｜"S.V.P (S'il vous plaît)"「お願いします」ブローチ…2016年8月・H2.5×W3.5cm｜"j'ai Soif"「のどが渇いた」ブローチ…2010年11月・H3.5×W5.9cm｜"Oui"「はい」ブローチ…2013年12月・H2.2×W3.0cm｜"à bientôt!"「また ね!」ブローチ…2015年11月・H3.3×W6.0cm｜"À table!"「席について!」ブローチ…2017年5月・H3.0×W4.9cm｜"C'est parfait!!"「完璧です!!」ブローチ…2013年12月・H3.4×W6.0cm｜"Secret"「秘密」ブローチ…2016年7月・H3.1×W5.1cm｜"Pourguoi?"「なぜ?」ブローチ…2013年12月・H2.9×W5.6cm｜"OH!"「あ!」ブローチ…2013年12月・H2.3×W3.1cm｜"Ça va?"「元気?」ブローチ…2013年6月・H2.8×W3.9cm｜"C'est la vie!"「それが人生!」ブローチ…2013年10月・H3.0×W6.3cm｜"Merci"「ありがとう」ブローチ…2013年6月・H2.8×W3.9cm｜"Bon"「良い」ブローチ…2015年11月・H2.2×W3.0cm｜"Voilà!!"「ほら!」ブローチ…2015年11月・H3.1×W5.0cm｜"j'ai faim"「おなかが空いた」ブローチ…2010年11月・H3.8×W5.5cm｜"100 %"「100%」ブローチ…2016年5月・H2.5×W3.7cm｜"C'est formidable!"「すばらしい!」ブローチ…2013年12月・H3.3×W6.6cm

"oh dear"Brooch…May 2016, W5.7 × H3.0cm | "Please"Brooch…Aug.2016, W3.5 × H2.5cm | "I'm thirsty"Brooch…Nov.2010, W5.9 × H3.5cm | "Yes"Brooch…Dec.2013, W3.0 × H2.2cm | "See you!"Brooch…Nov.2015, W6.0 × H3.3cm | "At table!"Brooch… May.2017, W4.9 × H3.0cm | "Perfect!!"Brooch…Dec.2013, W6.0 × H3.4cm | "Secret"Brooch…Jul.2016, W5.1×H3.1cm | "Why?"Brooch…Dec.2013, W5.6×H2.9cm | "OH!"Brooch…Dec.2013, W3.1 × H2.3cm | "How are you?"Brooch…Jun.2013, W3.9 × H2.8cm | "That's life"Brooch…Oct.2013, W6.3×H3.0cm | "Thank you"Brooch…Jun.2013, W3.9×H2.8cm | "Good"Brooch…Dec.2013, W3.0 ×H2.2cm | "Look!"Brooch…Nov.2015, W5.0×H3.1cm | "I'm hungry"Brooch…Nov.2010, W5.5×H3.8cm | "100%"Brooch…May 2016, W3.7×H2.5cm | "It's amazing!"Brooch…Dec.2013, W6.6×H3.3cm

P.33
マッシュルームブローチ…2014年12月・H2.8×W2.8cm｜鮭ブローチ…2016年10月・H1.4×W4.0cm｜おくらブローチ…2014年12月・H5.3×W1.3cm｜ちくわブローチ…2014年10月・H1.2×W3.5cm｜エビフライブローチ…2014年10月・H1.0×W4.3cm｜"j'aime goûter"「味見好き」ブローチ…2015年10月・H3.7×W6.7cm｜鍋ブローチ…2017年5月・H3.0×W4.6cm｜枝豆ブローチ…2014年10月・H1.1×W3.9cm｜ご

はんブローチ…2014年4月・H3.7×W3.7cm｜タコウィンナーピンズ…2014年10月・H3.3×W2.9cm｜かぼちゃブローチ…2014年12月・H2.3×W3.0cm｜ポットブローチ…2017年5月・H4.0×W3.6cm+H0.8×W0.6cm｜谷中生姜ブローチ…2016年10月・H4.1×W1.3cm

Mushroom Brooch…Dec.2014, W2.8 × H2.8cm | Salmon Brooch…Oct.2016, W4.0 × H1.4cm | Okra Brooch…Dec.2014, W1.3×H5.3cm | Chikuwa Brooch…Oct.2014, W3.5 × H1.2cm | Fried shrimp Brooch…Oct.2014, W4.3 × H1.0cm | "I like tasting"Brooch… Oct.2015, W6.7×H3.7cm | Pot Brooch…May 2017, W4.6×H3.0cm | Green soybeans Brooch…Oct.2014, W3.9×H1.1cm | Rice Brooch…Apr. 2014, W3.7×H3.7cm | Octopus-shaped sausage Pin…Oct.2014, W2.9×H3.3cm | Pumpkin Brooch…Dec.2014, W3.0× H2.3cm | Teapot Brooch…May 2017, W3.6×H4.0cm+ W0.6×H0.8cm | Yanaka-ginger Brooch…Oct.2016, W1.3×H4.1cm

P. 34
お味噌汁ブローチ…2011年11月・H6.4×W5.0cm　※廃盤｜ナイフブローチ…2009年5月・H2.0×W8.5cm｜お弁当ブローチ…2012年2月・H4.2×W5.7cm

Miso soup Brooch…Nov.2011, W5.0 × H6.4cm *Discontinued | Knife Brooch…May 2009, W8.5×H2.0cm | Bento Brooch…Feb.2012, W5.7×H4.2cm

P. 35
サンドイッチブローチ…2012年4月・H2.7×W9.1cm｜スプーンブローチ…2012年2月・H2.5×W8.5cm+H1.6×W1.1cm｜パフェブローチ…2012年2月・H7.8×W5.1cm｜スパゲティブローチ…2012年2月・H4.5×W9.5cm+H3.0×W0.9cm　※廃盤

Sandwich Brooch…Apr.2012, W9.1 × H2.7cm | Spoon Brooch…Feb.2012, W8.5 × H2.5cm+ W1.1×H1.6cm | Parfait Brooch…Feb.2012, W5.1×H7.8cm | Spaghetti Brooch …Feb. 2012, W9.5×H4.5cm+ W0.9×H3.0cm *Discontinued

P. 36
おかめNanoピンズ…2013年12月・H2.2×W1.6cm｜獅子舞Nanoピンズ…2017年1月・H2.3×W1.8cm｜梅Nanoピンズ 赤…2015年3月・H2.4×W2.2cm｜羽根Nanoピンズ…2010年2月・H1.5×W3.3cm｜なるとNanoピンズ…2014年10月・H2.0×W2.0cm｜コマNanoピンズ…2010年2月・H2.0×W2.5cm｜松Nanoピンズ…2017年1月・H1.8×W2.5cm｜相撲Nanoピンズ 赤…2017年12月・H2.1×W2.5cm｜おにぎりNanoピンズ…2012年4月・H2.0×W2.0cm｜犬張り子Nanoピンズ…2017年1月・H2.3×W1.9cm｜富士山Nanoピンズ…2011年11月・H2.2×W2.2cm｜ひょっとこNanoピンズ…2017年1月・H1.8×W1.8cm｜招き猫Nanoピンズ…2010年11月・H2.3×W1.7cm　※ネックレスも有｜だるまNanoピンズ…2010年11月・H2.1×W1.8cm　※ネックレス、ピアスも有｜鏡餅Nanoピンズ…2010年12月・H2.2×W2.1cm　※ネックレスも有　※冬季限定｜相撲Nanoピンズ 青…2017年12月・H2.5×W3.3cm｜桜Nanoピンズ…2016年2月・H2.2×W2.5cm｜傘おばけNanoピンズ…2017年1月・H3.3×W1.5cm｜梅Nanoピンズ 白…2015年3月・H2.4×W2.2cm

Okame Nano Pin…Dec.2013, W1.6 × H2.2cm | Shishimai Nano Pin…Jan.2017, W1.8 × H2.3cm | Plum Nano Pin Red…Mar.2015, W2.2 × H2.4cm | Shuttlecock Nano Pin… Feb.2010, W3.3×H1.5cm | Naruto Nano Pin…Oct.2014, W2.0×H2.0cm | Top Nano Pin …Feb.2010, W2.0 × H2.2cm | Pine Nano Pin…Jan.2017, W2.5 × H1.8cm | Sumo-wrestler Nano Pin Red…Dec.2017, W2.5×H2.1cm | Onigiri Nano Pin…Apr.2012, W2.0× H2.0cm | Inuhariko Nano Pin…Jan.2017, W1.9×H2.3cm | Mt. Fuji Nano Pin…Nov.2011, W2.2×H2.2cm | Hyottoko Nano Pin…Jan.2017, W1.8×H1.8cm | Beckoning cat Nano Pin…Nov.2010, W1.7 × H2.3cm *Also necklace type | Daruma Nano Pin…Nov.2010, W1.8 × H2.1cm *Also necklace type and earring type | Kagami-mochi Nano Pin… Dec.2010, W2.1×H2.2cm *Also necklace type *Winter limited edition | Sumo-wrestler Nano Pin Blue…Dec.2017, W3.3×H2.5cm | Cherry Blossoms Nano Pin…Feb.2016, W2.5 × H2.2cm | Umbrella monster Nano Pin…Jan.2017, W1.5 × H3.3cm | Plum Nano Pin White…Mar.2015, W2.2×H2.4cm

P. 37
日本酒セットブローチ…2016年12月・徳利：H2.2×W5.0cm+H0.8×W0.6cm・猪口：H1.9×W1.6cm

Sake set Brooch…Dec.2016,Sake bottle : W5.0 × H2.2cm+ W0.6 × H0.8cm, Sake cup : W1.6×H1.9cm

P. 38-39

キャリアウーマンブローチ…2016年12月・H7.5×W3.0cm | 待ち合わせブローチ…2016年12月・H7.6×W4.6cm+H0.8×W0.6cm | 散歩ブローチ…2016年12月・H7.0×W4.3cm+H0.8×W0.8cm | デートブローチ…2016年12月・H6.5×W3.5cm | ショッピングブローチ…2016年12月・H7.0×W3.4cm | 酔っぱらいブローチ…2016年12月・H6.8×W3.4cm

Career woman Brooch…Dec.2016, W3.0×H7.5cm | Waiting person Brooch…Dec.2016, W4.6×H7.6cm+ W0.6×H0.8cm | Walk Brooch…Dec.2016, W4.3×H7.0cm+ W0.8× H0.8cm | A date Brooch…Dec.2016, W3.5×H6.5cm | Shopping Brooch…Dec.2016, W3.4×H7.0cm | Drunkard Brooch…Dec.2016, W3.4×H6.8cm

P.40-41

Chat（ネコ）ブローチ…2012年12月・H5.7×W4.4cm | 金魚Nanoピンズ…2012年12月・H2.2×W2.6cm　※ネックレスも有 | Ours（クマ）ブローチ…2012年12月・H5.4×W4.9cm | ハチNanoピンズ…2012年12月・H3.0×W2.6cm | Coq（オンドリ）ブローチ…2012年12月・H7.2×W3.5cm | ヒヨコNanoピンズ…2014年1月・H2.6×W2.2cm | Grenouille（カエル）ブローチ…2012年12月・H4.5×W5.2cm | カタツムリNanoピンズ…2012年6月・H1.6×W2.6cm | Chèvre（ヤギ）ブローチ…2012年12月・H6.0×W4.5cm | 手紙ブローチ…2017年3月・H1.6×W2.4cm | Écureuil（リス）ブローチ…2013年10月・H5.0×W4.0cm | 半分リンゴNanoピンズ…2011年12月・H2.5×W2.1cm | Renard（キツネ）ブローチ…2014年4月・H5.7×W4.2cm | 葉っぱNanoピンズ…2012年4月・H1.6×W3.2cm　※ネックレスも有 | Girafe（キリン）ブローチ…2012年12月・H7.0×W4.3cm | ラディッシュNanoピンズ…2012年11月・H3.5×W1.9cm | Lapin（ウサギ）ブローチ…2013年4月・H6.2×W3.5cm | 電球Nanoピンズ…2010年11月・H2.5×W1.4cm　※ネックレス、ピアスも有 | Mouton（ヒツジ）ブローチ…2012年12月・H5.1×W5.1cm | エトワールNanoピンズ…2011年4月・H2.0×W2.8cm　※ネックレスも有

Odd-eyed cat Brooch…Dec.2012, W4.4×H5.7cm | Goldfish Nano Pin Dec.2012, W2.6× H2.2cm *Also necklace type | Bear Brooch…Dec.2012, W4.9×H5.4cm | Bee Nano Pin …Dec.2012, W2.6×H3.0cm | Rooster Brooch…Dec.2012, W3.5×H7.2cm | Chick Nano Pin…Jan.2014, W2.2×H2.6cm | Frog Brooch…Dec.2012, W5.2×H4.5cm | Snail Nano Pin…Jun.2012, W2.6×H1.6cm | Male goat Brooch…Dec.2012, W4.5×H6.0cm | Letter Brooch…Mar.2017, W2.4 × H1.6cm | Squirrel Brooch…Oct.2013, W4.0 × H5.0cm | Apple Nano Pin…Dec.2011, W2.1×H2.5cm | Fox Brooch…Apr.2014, W4.2×H5.7cm | Leaf Nano Pin…Apr.2012, W3.2 × H1.6cm *Also necklace type | Giraffe Brooch… Dec.2012, W4.3×H7.0cm | Radish Nano Pin…Nov.2012, W1.9×H3.5cm | Rabbit Brooch …Apr.2013, W3.5×H6.2cm | Light bulb Nano Pin…Nov.2010, W1.4×H2.5cm * Also necklace type and earring type | Sheep Brooch…Dec.2012, W5.1×H5.1cm | Stars Nano Pin…Apr.2011, W2.8×H2.0cm *Also necklace type

P.42

バランスブローチ GS（グリーン／シルバー）…2014年12月・H1.1×W7.5cm | 筆ブローチ…2016年2月・H1.0×W8.7cm | 赤えんぴつブローチ…2013年4月・H0.9×W8.7cm | バランスブローチ BS（ブラック／シルバー）…2014年12月・H1.1×W7.5cm | バランスブローチ YG（イエロー／グレー）…2014年12月・H1.1×W7.5cm | バランスブローチ BSR（ブルー／シルバー／レッド）…2014年12月・H1.1×W7.5cm | バランスブローチ PG（ピンク／グリーン）…2014年12月・H1.1×W7.5cm | バランスブローチ WB（ホワイト／ブラウン）…2014年12月・H1.1×W7.5cm | バランスブローチ RS（レッド／シルバー）…2014年12月・H1.1×W7.5cm | バランスブローチ GO（ゴールド／オレンジ）…2014年12月・H1.1×W7.5cm | えんぴつブローチ…2013年4月・H0.9×W8.7cm | バランスブローチ YN（イエロー／ネイビー）…2014年12月・H1.1×W7.5cm

Balance Brooch GS(Green/Silver)…Dec.2014, W7.5 × H1.1cm | Paintbrush Brooch… Feb.2016, W8.7 × H1.0cm | Red pencil Brooch…Apr.2013, W8.7 × H0.9cm | Balance Brooch BS(Black/Silver)…Dec.2014, W7.5×H1.1cm | Balance Brooch YG(Yellow/Gray) …Dec.2014, W7.5×H1.1cm | Balance Brooch BSR(Blue/Silver/Red)…Dec.2014, W7.5× H1.1cm | Balance Brooch PG(Pink/Green)…Dec.2014, W7.5×H1.1cm | Balance Brooch WB(White/Brown)…Dec.2014, W7.5 × H1.1cm | Balance Brooch RS(Red/Silver)… Dec.2014, W7.5×H1.1cm | Balance Brooch GO(Gold/Orange)…Dec.2014, W7.5×H1.1cm | Pencil Brooch…Apr.2013, W8.7 × H0.9cm | Balance Brooch YN(Yellow/Navy)… Dec.2014, W7.5×H1.1cm

P. 43

丸々ブローチ 黒／ピンク／グレー…2012年12月・H4.8×W3.7cm+H1.4×W1.0cm | 丸々ブローチ 白／赤／黒…2012年12月・H5.5×W3.2cm+H1.4×W1.0cm | 丸々ブローチ 緑／黒…2012年12月・H5.3×W4.2cm+H1.4×W1.0cm | 丸々ブローチ 白／黒／青／シルバー…2012年12月・H6.0×W3.2cm+H1.4×W1.0cm | 丸々ブローチ 青／白／黒…2013年10月・H2.8×W5.6cm | 丸々ブローチ 白／シルバー…2013年10月・H6.0×W3.2cm+H1.4×W1.0cm | 丸々ブローチ 黄／黒／紫…2012年12月・H2.8×W5.6cm | 丸々ブローチ ミント／シルバー…2013年10月・H4.6×W3.7cm+H1.4×W1.0cm | 丸々ブローチ 白／黒／ブロンズ…2012年12月・H4.8×W3.5cm+H1.4×W1.0cm | 丸々ブローチ 黒／オレンジ／赤…2013年10月・H4.8×W3.7cm+H1.4×W1.0cm

Circle Brooch Black/Pink/Gray…Dec.2012, W3.7 × H4.8cm+ W1.0 × H1.4cm | Circle Brooch White/Red/Black…Dec.2012, W3.2×H5.5cm+ W1.0 × H1.4cm | Circle Brooch Green/Black…Dec.2012, W4.2×H5.3cm+ W1.0×H1.4cm | Circle Brooch White/Black/ Blue/Silver…Dec.2012, W3.2 × H6.0cm+ W1.0 × H1.4cm | Circle Brooch Blue/White/ Black…Oct.2013, W5.6 × H2.8cm | Circle Brooch White/Silver…Oct.2013, W3.2 × H6.0cm+ W1.0 × H1.4cm | Circle Brooch Yellow/Black/Purple…Dec.2012, W5.6 × H2.8cm | Circle Brooch Mint/Silver…Oct.2013, W3.7×H4.6cm+ W1.0×H1.4cm | Circle Brooch White/Black/Bronze…Dec.2012, W3.5 × H4.8cm+ W1.0 × H1.4cm | Circle Brooch Black/Orange/Red…Oct.2013, W3.7×H4.8cm+ W1.0×H1.4cm

P. 44

ことわざブローチ 豚に真珠…2011年7月・H4.7×W5.7cm+H0.8×W0.8cm | ことわざブローチ 犬も歩けば棒にあたる…2017年12月・H4.5×W5.1cm+H0.7×W1.6cm | ことわざブローチ 猫に小判…2017年12月・H4.2×W6.3cm+H1.0×W0.8cm | ことわざブローチ 雀の涙…2017年12月・H2.8×W6.9cm

Proverb Brooch Cast pearls before swine…Jul.2011, W5.7×H4.7cm+ W0.8×H0.8cm | Proverb Brooch The dog also hits the stick when walking…Dec.2017, W5.1 × H4.5cm+ W1.6 × H0.7cm | Proverb Brooch Oval to cat…Dec.2017, W6.3 × H4.2cm+ W0.8 × H1.0cm | Proverb Brooch Sparrow's tears…Dec.2017, W6.9×H2.8cm

P. 45

ことわざブローチ 猿も木から落ちる…2017年12月・H5.5×W5.5cm+H2.6×W1.4cm | ことわざブローチ 鶴のひと声…2017年12月・H8.0×W4.3cm+H0.8×W0.8cm |

Proverb Brooch A monkey sometimes falls down from a tree…Dec.2017, W5.5 × H5.5cm+ W1.4 × H2.6cm | Proverb Brooch Crane's cry…Dec.2017, W4.3 × H8.0cm+ W0.8×H0.8cm

P. 46

傘ブローチ…2016年6月・H8.5×W2.3cm+H0.8×W0.6cm | カエルNanoピンズ…2016年6月・H2.5×W2.3cm

Umbrella Brooch…Jun.2016, W2.3 × H8.5cm+ W0.6 × H0.8cm | Tree frog Nano Pin…Jun.2016, W2.3×H2.5cm

P. 47

マダムベルル Voyageブローチ…2017年12月・H4.5×W2.8cm | マダムベルル クロールブローチ…2017年6月・H2.0×W9.0cm+H0.8×W0.6cm | 浮き輪ピンズ…2017年6月・H2.1×W2.1cm | 雲ブローチ…2017年6月・H4.0×W6.0cm+H0.8×W0.6cm | マダムベルル ゴーグルブローチ…2017年6月・H4.5×W2.7cm

Ms.perles trip Brooch…Jun.2017, W2.8 × H4.5cm | Ms.perles swimming Brooch… Jun.2017, W9.0 × H2.0cm+ W0.6 × H0.8cm | Float Pin…Jun.2017, W2.1 × H2.1cm | Cloud Brooch…Jun.2017, W6.0×H4.0cm+ W0.6 × H0.8cm | Ms.perles goggles Brooch …Jun.2017, W2.7×H4.5cm

P. 48

プレゼント ブローチ ヒイラギ…2013年12月・H5.0×W3.6cm+H1.9×W2.3cm | プレゼント ブローチ バラ…2013年12月・H5.0×W3.6cm+H2.0×W2.3cm | プレゼント ブローチ 箱…2013年12月・H5.0×W3.6cm+H1.5×W1.8cm

Gift Brooch Holly…Dec.2013, W3.6 × H5.0cm+ W2.3 × H1.9cm | Gift Brooch Rose…

Dec.2013, W3.6 × H5.0cm+ W2.3 × H2.0cm ｜ Gift Brooch Box…Dec.2013, W3.6 × H5.0cm+ W1.8×H1.5cm

P. 49
CO2ピアス…2013年8月・H1.3×W1.3cm+H4.0×W2.8cm　※片耳用　※廃盤 ｜ ロウソクピアス…2010年11月・H2.0×W1.0cm+H3.3×W1.2cm　※片耳用 ｜ 土星ピアス…2013年8月・H1.3×W1.3cm+H2.1×W3.5cm　※片耳用 ｜ 富士山ピアス…2013年8月・H1.3×W1.3cm+H2.5×W2.5cm　※片耳用 ｜ マッチピアス…2016年12月・H1.9×W1.1cm+H3.7×W1.0cm　※片耳用

CO2 Earring…Aug.2013, W1.3×H1.3cm+W2.8×H4.0cm *For one ear *Discontinued ｜ Candle Earring…Nov.2010, W1.0 × H2.0cm+ W1.2 × H3.3cm *For one ear ｜ Saturn Earring…Aug.2013, W1.3 × H1.3cm+ W3.5 × H2.1cm *For one ear *Discontinued ｜ Mt.Fuji Earring…Aug.2013, W1.3×H1.3cm+ W2.5×H2.5cm *For one ear ｜ Match Earring …Dec.2016, W1.1×H1.9cm+ W1.0×H3.7cm *For one ear

P. 50
吸い殻ブローチ…2009年12月・H1.5×W4.0cm ｜ チラ見ブローチ…2013年6月・H2.7×W3.1cm ｜ くちびるブローチ…2009年12月・H1.5×W3.0cm

Cigarette end Brooch…Dec.2009, W4.0×H1.5cm ｜ Look away Brooch…Jun.2013, W3.1 ×H2.7cm ｜ Lips Brooch…Dec.2009, W3.0×H1.5cm

P. 51
イニシャルボーイ ブローチ T…2016年5月・H6.7×W6.5cm+H0.8×W0.8cm ｜ イニシャルボーイ ブローチ R…2014年7月・H7.0×W3.7cm+H0.8×W0.8cm ｜ イニシャルボーイ ブローチ A…2014年7月・H4.7×W4.3cm+H0.8×W0.8cm ｜ イニシャルボーイ ブローチ M…2016年5月・H5.0×W5.9cm+H0.8×W0.8cm ｜ イニシャルボーイ ブローチ H…2016年5月・H6.8×W4.0cm+H0.8×W0.8cm ｜ イニシャルボーイ ブローチ K…2014年7月・H7.1×W3.9cm+H0.8×W0.8cm ｜ イニシャルボーイ ブローチ Y…2014年7月・H8.0×W4.7cm+H0.8×W0.8cm ｜ イニシャルボーイ ブローチ S…2014年7月・H6.0×W3.8cm+H0.8×W0.8cm ｜ "Zut!"「チェッ!」ブローチ…2016年8月・H2.5×W3.4cm

Alphabet boy Brooch T…May 2016, W6.5 × H6.7cm+W0.8 × H0.8cm ｜ Alphabet boy Brooch R…Jul.2014, W3.7 × H7.0cm+W0.8 × H0.8cm ｜ Alphabet boy Brooch A… Jul.2014, W4.3×H4.7cm+W0.8×H0.8cm ｜ Alphabet boy Brooch M…May 2016, W5.9 × H5.0cm+W0.8 × H0.8cm ｜ Alphabet boy Brooch H…May 2016, W4.0 × H6.8cm+ W0.8×H0.8cm ｜ Alphabet boy Brooch K…Jul.2014, W3.9×H7.1cm+W0.8×H0.8cm ｜ Alphabet boy Brooch Y…Jul.2014, W4.7 × H8.0cm+W0.8 × H0.8cm ｜ Alphabet boy Brooch S…Jul.2014, W3.8 × H6.0cm+W0.8 × H0.8cm ｜ "Shoot!"Brooch…Aug.2016, W3.4×H2.5cm

P. 52
Boy&Girlネックレス…2014年7月・男の子：H7.2×W2.3cm+ワイヤー長3.0cm+女の子：H8.0×W2.9cm+チェーン長78cm ｜ オオカミボーンブローチ…2014年7月・オオカミ:H3.0×W3.2cm+ワイヤー長3.0cm+骨:H2.9×W1.4cm ｜ ボンボンガールブローチ…2014年7月・女の子:H3.3×W2.7cm+ワイヤー長3.0cm+ふきだし:H2.7×W3.2cm ｜ カンガルーパンチブローチ…2014年7月・カンガルー赤:H3.5×W4.6cm+ワイヤー長3.0cm+カンガルー青:H4.6×W2.1cm

Boy&Girl Necklace…Jul.2014, Boy : W2.3 × H7.2cm+Wire L3.0cm+Girl : W2.9 × H8.0cm+Chain L78cm ｜ Wolf and Bone Brooch…Jul.2014, Wolf : W3.2×H3.0cm+Wire L3.0cm+Bone : W1.4 × H2.9cm ｜ BonBon Girl Brooch…Jul.2014, Girl : W2.7 × H3.3cm+Wire L3.0cm+Balloon : W3.2 × H2.7cm ｜ Kangaroo Punch Brooch…Jul.2014, Kangaroo Red : W4.6×H3.5cm+Wire L3.0cm+Kangaroo Blue : W2.1×H4.6cm

P. 53
Mousseブローチ…2016年5月・H4.6×W5.5cm+H0.8×W0.8cm ｜ Mousseピアス…2016年5月・H3.5×W2.5cm+H0.8×W0.8cm

Foam Brooch…May 2016, W5.5 × H4.6cm+ W0.8 × H0.8cm ｜ Foam Earrings…May 2016, W2.5×H3.5cm+ W0.8×H0.8cm

P. 54
カルシウムブローチ…2011年12月・H2.8×W8.0cm ｜ 秋田犬ブローチ…2010年2月・H5.5×W6.0cm

Calcium Brooch…Dec.2011, W8.0 × H2.8cm ｜ Akita Inu Brooch…Feb.2010, W6.0 × H5.5cm

P. 55
トイプードルブローチ…2010年10月・H5.6×W3.5cm ｜ ダルメシアンブローチ…2010年10月・H6.0×W4.0cm ｜ キャバリアブローチ…2010年8月・H5.5×W4.5cm ｜ フレンチブルドッグブローチ…2010年2月・H4.6×W4.0cm+H0.8×W0.8cm ｜ コリーブローチ…2011年4月・H5.7×W5.8cm ｜ ワイヤーフォックステリアブローチ…2010年8月・H5.8×W5.0cm

Toy Poodle Brooch…Oct.2010, W3.5×H5.6cm ｜ Dalmatian Brooch…Oct.2010, W4.0× H6.0cm ｜ Cavalier Brooch…Aug.2010, W4.5 × H5.5cm ｜ French Bulldog Brooch… Feb.2010, W4.0×H4.6cm+ W0.8×H0.8cm ｜ Collie Brooch…Apr.2011, W5.8×H5.7cm ｜ Wire Fox Terrier Brooch…Aug.2010, W5.0×H5.8cm

P. 56
チワワブローチ…2010年10月・H4.5×W4.4cm ｜ プードルブローチ…2010年8月・H5.5×W5.5cm ｜ ビーグルブローチ…2010年2月・H5.5×W5.0cm ｜ 柴犬ブローチ…2010年10月・H5.5×W5.4cm ｜ ダックスフントブローチ…2010年10月・H4.0×W6.3cm+H0.8×W0.8cm ｜ シーズーブローチ…2011年4月・H5.0×W4.3cm

Chihuahua Brooch…Oct.2010, W4.4 × H4.5cm ｜ Poodle Brooch…Aug.2010, W5.5 × H5.5cm ｜ Beagle Brooch…Feb.2010, W5.0 × H5.5cm ｜ Shiba Inu Brooch…Oct.2010, W4.0 × H5.5cm ｜ Dachshund Brooch…Oct.2010, W6.3 × H4.0cm+W0.8 × H0.8cm ｜ Shih Tzu Brooch…Apr.2011, W4.3×H5.0cm

P. 57
パグブローチ…2010年10月・H5.0×W4.5cm ｜ シュナウザーブローチ…2016年12月・H5.6×W4.5cm

Pug Brooch…Oct.2010, W4.5×H5.0cm ｜ Schnauzer Brooch…Dec.2016, W4.5×H5.6cm

P. 58
レンチブローチ…2014年7月・H7.7×W2.6cm　※ネックレスも有 ｜ ネジブローチ…2014年7月・H5.0×W1.7cm ｜ ペンチブローチ…2014年7月・H7.8×W3.5cm　※ネックレスも有 ｜ 裁ちバサミブローチ…2014年12月・H7.6×W3.9cm　※ネックレスも有 ｜ トンカチブローチ…2014年7月・H7.7×W4.8cm　※ネックレスも有

Wrench Brooch…Jul.2014, W2.6 × H7.7cm *Also Necklace type ｜ Screw Brooch… Jul.2014, W1.7×H5.0cm ｜ Pliers Brooch…Jul.2014, W3.5×H7.8cm *Also Necklace type ｜ Scissors Brooch…Dec.2014, W3.9×H7.6cm *Also Necklace type ｜ Hammer Brooch… Jul.2014, W4.8×H7.7cm *Also Necklace type

P. 59
イニシャルピン "I"…2012年7月・H1.7×W1.7cm ｜ イニシャルピン "O"…2012年7月・H1.7×W1.7cm ｜ イニシャルピン "T"…2012年7月・H1.7×W1.7cm ｜ イニシャルピン "C"…2012年7月・H1.7×W1.7cm ｜ イニシャルピン "S"…2012年7月・H1.7×W1.7cm ｜ イニシャルピン "N"…2012年7月・H1.7×W1.7cm ｜ "♫"音符ピン…2012年7月・H1.7×W1.7cm ｜ イニシャルピン "A"…2012年7月・H1.7×W1.7cm ｜ イニシャルピン "E"…2012年7月・H1.7×W1.7cm ｜ イニシャルピン "R"…2012年7月・H1.7×W1.7cm ｜ "?"ハテナピン…2012年7月・H1.7×W1.7cm ｜ 脳ブローチ…2013年12月・H5.4×W4.5cm　※廃盤

Alphabet Pin"I"…Jul.2012, W1.7×H1.7cm ｜ Alphabet Pin"O"…Jul.2012, W1.7×H1.7cm ｜ Alphabet Pin"T"…Jul.2012, W1.7 × H1.7cm ｜ Alphabet Pin"C"…Jul.2012, W1.7 × H1.7cm ｜ Alphabet Pin"S"…Jul.2012, W1.7×H1.7cm ｜ Alphabet Pin"N"…Jul.2012, W1.7 ×H1.7cm ｜ "♫"Note Pin…Jul.2012, W1.7×H1.7cm ｜ Alphabet Pin"A"…Jul.2012, W1.7× H1.7cm ｜ Alphabet Pin"E"…Jul.2012, W1.7×H1.7cm ｜ Alphabet Pin"R"…Jul.2012, W1.7 × H1.7cm ｜ "?"Question mark…Jul.2012, W1.7 × H1.7cm ｜ Brain Brooch…Dec.2013, W4.5×H5.4cm *Discontinued

P. 60

立体ピアス 丸…2015年4月・H1.3×W1.3cm+H4.5×W2.0cm｜立体ピアス 三角…
2015年4月・H1.3×W1.3cm+H4.5×W3.0cm

Round Earrings…Apr.2015, W1.3 × H1.3cm+ W2.0 × H4.5cm ｜ Triangle Earrings…
Apr.2015, W1.3×H1.3cm+ W3.0×H4.5cm

P. 61

チェーンブローチ ゴールド…2013年12月・H6.5×W6.5cm｜チェーンブローチ シル
バー…2013年12月・H6.5×W6.5cm｜チェーンネックレス シルバー…2013年12月・
H1.3×W3.3cm+チェーン長38cm｜チェーンネックレス ゴールド…2013年12月・H1.3
×W3.3cm+チェーン長38cm｜チェーンピアス ゴールド…2013年12月・H5.3×
W1.7cm ※片耳用｜チェーンピアス シルバー…2013年12月・H5.3×W1.7cm ※
片耳用

Chain Brooch Gold…Dec.2013, W6.5×H6.5cm ｜ Chain Brooch Silver…Dec.2013, W6.5
× H6.5cm ｜ Chain Necklace Silver…Dec.2013, W3.3 × H1.3cm+Chain L38cm ｜ Chain
Necklace Gold…Dec.2013, W3.3 × H1.3cm+Chain L38cm ｜ Chain Earring Gold…
Dec.2013, W1.7×H5.3cm *For one ear ｜ Chain Earring Silver…Dec.2013, W1.7×H5.3cm
*For one ear

P. 62

『GALLERY MUVEIL』コラボレーション グランマブローチ 帽子…2016年8月・H6.3
×W3.6cm｜『GALLERY MUVEIL』コラボレーション グランマブローチ シャネル
スーツ…2016年8月・H6.0×W3.3cm

Collaborate with "GALLERY MUVEIL",Grandma Brooch Hat…Aug.2016, W3.6×H6.3cm
｜ Collaborate with "GALLERY MUVEIL",Grandma Brooch Chanel suit…Aug.2016, W3.3
×H6.0cm

P. 63

haco! 神社YELLプロジェクト 上賀茂神社(賀茂別雷神社)コラボレーション 賀茂別
雷大神神話の雷ブローチ…2015年10月・H6.2×W4.0cm+H2.8×W1.5cm｜上賀茂
神社コラボレーション 二葉葵ピアス ゴールド…2015年10月・H2.4×W2.6cm｜
上賀茂神社コラボレーション 二葉葵ピアス シルバー…2015年10月・H2.4×W2.6cm｜
上賀茂神社コラボレーション 二葉葵ネックレス…2015年10月・H2.5×W4.0cm+
チェーン長37cm｜上賀茂神社コラボレーション 賀茂別雷大神神話の雲ブローチ…
2015年10月・H2.2×W4.5cm

haco! ZINJA YELL PROJECT collaboration with Kamigamo Shrine,"Lightning" Brooch
from the myths…Oct.2015, W4.0 × H6.2cm+W1.5 × H2.8cm ｜ Collaboration with
Kamigamo Shrine, FUTABAAOI Earrings Gold…Oct.2015, W2.6 × H2.4cm ｜
Collaboration with Kamigamo Shrine, FUTABAAOI Earrings Silver…Oct.2015, W2.6 ×
H2.4cm ｜ Collaboration with Kamigamo Shrine,FUTABAAOI Necklace…Oct.2015, W4.0
×H2.5cm+Chain L37cm ｜ Collaboration with Kamigamo Shrine,"Cloud" Brooch from the
myths…Oct.2015, W4.5×H2.2cm

P. 64

CNL for 大浮世絵展 小林モー子 浮世絵ブローチ〈ポッペン〉…2014年1月・H6.0×
W4.7cm｜CNL for 大浮世絵展 小林モー子 浮世絵ブローチ〈神奈川沖〉…2014年
1月・H4.7×W6.1cm+H0.8×W0.6cm

CNL for Dai-Ukiyoe Exhibition,Ukiyoe Brooch "Poppen"…Jan.2014, W4.7 × H6.0cm ｜
CNL for Dai-Ukiyoe Exhibition,Ukiyoe Brooch "Off the coast of Kanagawa"…Jan.2014,
W6.1×H4.7cm+ W0.6×H0.8cm

P. 65

国立西洋美術館 アルチンボルド展 連作『四季・夏』ブローチ…2017年7月・H6.5×
W4.2cm｜アルチンボルド展 連作『四季・秋』実のピンズ…2017年7月・H2.5×
W3.6cm｜アルチンボルド展 連作『四季・夏』アーティチョークのピンズ…2017年7
月・H2.9×W2.1cm｜アルチンボルド展 連作『四季・春』花のピアス…2017年7月・
H2.6×W3.1cm｜アルチンボルド展 連作『四季・秋』ブローチ…2017年7月・H7.0×
W4.5cm

Design for Arcimboldo Exhibition, Summer Brooch from "the Four seasons" series…
Jul.2017, W4.2×H6.5cm ｜ Design for Arcimboldo Exhibition, Fruit Pin from "Autumn, the

Four seasons" series…Jul.2017, W3.6 × H2.5cm ｜ Design for Arcimboldo Exhibition,
Artichoke Pin from "Summer, the Four seasons"series…Jul.2017, W2.1×H2.9cm ｜ Design
for Arcimboldo Exhibition, Flower Earrings from "Spring, the Four seasons" series…
Jul.2017, W3.1×H2.6cm ｜ Design for Arcimboldo Exhibition, Autumn Brooch from "the
Four seasons" series…Jul.2017, W4.5×H7.0cm

P. 66

PAN PANブローチ…2012年4月・H4.9×W4.6cm｜ピストルブローチ…2015年12月・
H4.7×W8.2cm｜PAN PAN Nanoピンズ…2010年12月・H2.0×W2.7cm

PAN PAN Brooch…Apr.2012, W4.6 × H4.9cm ｜ Pistol Brooch…Dec.2015, W8.2 ×
H4.7cm ｜ PAN PAN Nano Pin…Dec.2010, W2.7×H2.0cm

Part_4

maison des perles

メゾン・デ・ペルルの仕事場

Atelier

桜の木に守られた
光溢れるアトリエ

東京・渋谷区西原の住宅地に建つ白いマンション。そこにメゾン・デ・ペルルのアトリエはあります。たっぷりと陽が射す空間は、細かな刺繍を刺すのに最適。アクセサリーなどの制作をするフロアの上の階にはオフィススペースや大きなキッチンもあります。窓の外には大きな桜の木。春になると手が届く距離で桜の花を眺められ、移りゆく季節を教えてくれる大切な存在です。大木に守られたこの空間から、メゾン・デ・ペルルの作品は生まれています。

Time Schedule

ある日の
モー子さんの一日

10:00	出勤 メールの返信などデスクワーク
11:00	イベントの打ち合わせ etc.
13:00	ランチ（スタッフの向田くん作）
14:00	2階のアトリエで刺繍作業 新作アクセサリーの図案制作 仕上がりチェック etc.
16:00	コーヒーとおやつでブレイク
16:30	広告作品試作＆打ち合わせ
18:30	保育園へ娘をお迎えに
19:00	帰宅……!?

Embroidery

黙々とビーズと向き合う時間

粒の細かいヴィンテージビーズ。その小さなビーズを、一粒一粒、丁寧にモチーフに刺していく。メゾン・デ・ペルルの作品はこの繊細な技法によって生まれています。黒いビーズでモチーフを縁取り、その内側に色鮮やかなビーズを刺していく工程はまるで塗り絵のよう。時には欲しい色を求めて、数百種のビーズからこれぞという一粒を探し出すこともあります。粒だったビーズが集まり、次第に形が生まれ、やがてひとつのアクセサリーになるのです。

Process

1 オーガンジーに下絵を描く

原画はモチーフの「動き」や「瞬間」を捉え、なるべく少ない線で的確に描くことを心がけています。その図案をオーガンジーにトレースします。

2 黒いビーズで下絵を縁取る

裏側からモチーフの線を黒いビーズで縁取っていきます。この黒の存在がモチーフの印象を引き締め、中に刺すビーズの色を引き立ててくれます。

3 塗り絵のようにビーズで色を刺す

縁取りの内側をビーズで埋めていきます。ビーズをぎっしりと刺す技法は〈ヴェルミッセル〉といい、ビーズの向きを不揃いにすることができます。

4 1mm 単位で微調整する

ビーズを刺し終えたら、表に返して1mm単位で最終調整を行います。ビーズの向きを少し変えるだけでモチーフの表情がより生き生きとします。

Quality

仕上がりは
一粒単位でチェック

刺し終わったモチーフは必ずスタッフ
全員で最終確認。それはオリジナルに忠
実な作品をつくるため。オーガンジーに
修正の指示を書き込み、ビーズを一粒単
位で減らしたり、増やしたり、角度を調
整したりして整えます。なぜ、ここまで
細かなチェックを行うのかというと、
ビーズの向きひとつで動物の表情や仕
草がまったく違って見えてくるから。可
愛いだけではなく、美しく洗練された作
品をつくるため、最後の最後までビーズ
に向き合って作業をしています。

Preparation

ビーズの仕分けも
自分たちで

毎年、パリに買い付けにいくヴィンテージビーズやさまざまなパーツ。作品作りはそれらの材料を持ち帰り、丁寧に仕分けするところから始まります。特にヴィンテージビーズは、限りのある貴重な素材。今の技術を持ってしても作ることが出来ないものなので、その美しさを最大限に生かしたいと思っています。ビーズに触れることで新たなアイデアがひらめくことも。ビーズやパーツの仕分けは、まだ見ぬ新作へと思いを巡らせる楽しみな時間でもあります。

Team

チームだからできること

メゾン・デ・ペルルはチームでものづくりをしています。
作品制作はもちろん、刺繍教室を運営したり、求めてくれ
る人々に作品を届けることを協力し合ってカタチにして
います。刺繍家として活動を始めた頃は、人と一緒に働く
ことになるとは夢にも思っていませんでした。それが今
は、私にないさまざまな能力を持ったスタッフに支えら
れて仕事をしています。メゾン・デ・ペルルの活動が広が
り続けているのはチームの力があってこそです。

8days in paris

ビーズ大発掘、パリの旅

刺繍材料を探しに年に1度は訪れるパリ。
今回はメゾン・デ・ペルルのメンバー2人も参加して、
3人でビーズ探しに奮闘することになりました。
珍道中の旅の様子をここでお裾分けします。

Text by Yuko Ito

Marché de Clignancourt
sommes restés ici !
Marché aux puces Porte de Vanves

Member

小林モー子
Mōko Kobayashi

いとうゆうこ
Yuko Ito

竹内麻里子
Mariko Takeuchi

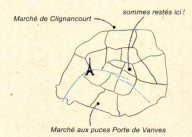

1st day

到着…まずはビール！ 拠点はマレ地区のアパルトマンに

17時、パリのシャルル・ド・ゴール空港に到着。これまではモー子さんひとりで来ていたパリの買い付けに、今回はメゾン・デ・ペルルから私、いとうと竹内さんも参加。人手が多いということは、これまで以上に効率よく、かつ、大量にビーズの買い付けができるということ……と、信じつつ8日間のパリの買い付けがスタートしました。拠点はAir bnbで探したマレ地区のアパルトマン。チェックインして荷物を置くと、すぐさま「飲みに行こう！」と言うモー子さん。とにかく、まずはビールで乾杯です(1)ちょうど、パリに来ていたジュエリーブランド〈SU〉のスズキトモコさんも合流し、日本にいるときと何ら変わらない賑やかな時間が過ぎていきます。ビールで心が満たされて、お腹が空いていることに気づいた私たち。19時、アパルトマンから歩いてすぐのレストランへ。ここはパリ時代にモー子さんが通っていた店で、クスクスが美味しいと評判。店に入ると知った顔を発見！ 偶然パリに来ていたモー子さんの友人の岩永さん兄弟で、実は3か月後に日本で一緒にイベントをする予定。お互い忙しくて、日本では打ち合わせができていなかったので、ここで簡単にミーティング……となるわけもなく、短く話してディナー開始！ クスクスにラム肉のソーセージ、メルゲーズなどを合わせて注文すると3人分とは思えない量に(2)。どうにかこうにかお腹に収め、アパルトマンに直帰。美味しかったディナーの余韻に浸りながら、この日は3人とも24時に就寝しました。えらい！

2nd day

いざ怒涛のビーズ買い付けスタート！

7時、起床。いよいよ今日から仕事始め。でも、その前に腹ごしらえを。朝ごはんは毎日、違うカフェで食べようと決めていたので、アパルトマンの近所のカフェへ行くことにしました。フランスの朝食「プティ・デジュネ」は、大体どの店も同じメニューで、パンにバターかジャム、それにコーヒーが付くだけのシンプルなもの。それなのに7€〜10€もするなんて……！ 9時、アパルトマンから徒歩すぐの材料専門店へ(3)。ここはモー子さんが古くから通っている卸専門の店。パリ出張の間はほぼ毎日通う場所です。なぜ毎日なのかというと、商品数があまりに膨大だから。ビーズの山を端から順に見ていき、欲しいものをより分け、必要な量を指定する。それだけで、あっという間に数時間が経ってしまうので

す(4)。なので、今日はビーズ、明日はヴィンテージビーズ、明後日はスパンコール……とジャンルごとに区切って、連日店に通うのがペルル流の買い付け。初日は主に現在も作られているビーズを探すことに。箱を開けてはしまう、しまっては開けるの繰り返しで、午前中は瞬く間に終了。時差ボケの頭で作業をしたので私と竹内さんはふらふら……。休憩がてら、お昼を食べに街へ繰り出しました。

午後はパーツ専門店へ。興奮で疲れも吹き飛ぶ3人

ランチに向かったのはマレ地区のセレクトショップ〈メルシー〉のカフェ。野菜中心のメニュー(5)が体に優しく、体力も徐々に回復。午後は真鍮パーツの専門店を訪れました。この店はパリでアクセサリーなどの仕事に就く人なら大概が知っている老舗だそう。看板もなく、まっ白な壁に据え付けられた重厚な扉(6)を開けると、そこからは驚きの世界。さまざまな形の真鍮パーツが数万種、ずらりと並んでいます。さっきまでの疲れが吹き飛び、夢中で探すこと2時間(7)。蟹や豚など、厳選に厳選を重ねたパーツを購入し、満足。店を出て、夕食まで僅かな時間があることに気づいた私たち。今、パリはセール期間ということで善は急げと〈ボン・マルシェ〉へ。ここでは現代美術作家、レアンドロ・エルリッヒの展示が行われていてラッキー。トリックアートのような世界を楽しむモー子さんと竹内さん(8)。19時、モー子さんが慕う、親友の画家、大月雄二郎さんとディナーへ。大月さんが予約してくれたのはクラシックなレストラン。フォアグラのデミグラスソースがけが絶品で、デザートまで食べるとお腹がはちきれんばかりに。食後は夜のパリをドライブ(9)。大月さんの車のすさまじいエンジン音とドライビングテクニックに圧倒されつつもライトアップされたエッフェル塔を見ることができて大興奮！時計の針は24時をまわり、いよいよ眠気が。25時、アパルトマンへ戻り、私と竹内さんはすぐ就寝。モー子さんは無事、帰宅したことを電話で大月さんへ報告するも、話し足りなかった大月さんと長電話が始まり、気づけば2時間経過。27時、ようやく眠りについたそうです。

3rd day

再び卸の材料専門店へ。いよいよヴィンテージビーズをチェック！

7時、起床。ポンピドゥー・センター近くのカフェで朝食を食べた後、9時頃、昨日行った卸の材料専門店を再訪。この日はヴィンテージビーズのストックをチェックすることに。3人ともゴム手袋を着用し、やる気満々(10)。私と竹内さんも大分慣れ、手際よく紙の包みを開けていきます(11)。いる、いらないを判断するのはモー子さんの役目。埃っぽい部屋で黙々と作業を続ける3人。集中力が切れ始めた昼過ぎ、一旦ブレイクのため外へ(12)。しかし、昨夜のフォアグラで胃もたれが……。昼食は後回しにして街を散策。私が行ってみたかったオートクチュール刺繍の学校〈エコール・ルサージュ〉の前も歩いてみました。そうこうしているとお腹も空いてきて、軽く昼食。ここはパリの人気パン屋〈ポワラーヌ〉のパンを使ったサンドウィッチが食べられるカフェ。食事だけでなくワインも注文し、食後は上機嫌で〈エルメス〉本店へ(13)。ここで見た馬の絵のタペストリーに感動するモー子さん。カシミヤの布に繊細な刺繍がしてあり、創作の刺激になったようです。

夜はアパルトマンでホームパーティ

〈エルメス〉本店を出るともう夕暮れ。さて、今日の夕食はどうしよう？　この日の夜はモー子さんのパリの友人たちを招いてホームパーティです。最初の計画ではほんの2～3人の予定だったのが、あれよあれよと参加者が増え、気づけば10人以上に！　集まった方々は、通称"飲んだくれ会・パリ支部"

の面々。言うまでもなくお酒が強い！　タクシーを飛ばして、ギリシャ料理もテイクアウト。着々と準備が進んでいきます。20時、チャイムが鳴って参加者が続々到着し、パーティーがスタート（14）。パリ時代に出会った日本人やそのご主人のパリジャン、幼い子供も加わり、総勢13人に。会は深夜まで続き、竹内さんは力尽きてダウン。私も途中で2時間の仮眠。25時、みなさんが帰宅し、この日もモー子さんは日付が変わってから就寝。明日はいよいよ週末。蚤の市を巡る"決戦日"です。

4th day

2つの蚤の市をハシゴ。まずはヴァンヴへ

6時、起床。この日は前日の残り物がたくさんあるのでアパルトマンで朝食。今日の土曜と明日の日曜は、パリ滞在中でも最も忙しい日。なぜなら、週末だけ開催される蚤の市を巡るから。午前中はヴァンヴの蚤の市へ向かいました（15）。目的はもちろんヴィンテージのビーズやパーツを見つけることですが、同じくらい大切なのが、出店者のおじさんに挨拶をして回ること。定期的に顔を出して、"モー子はヴィンテージビーズを探している"と覚えておいてもらうことが重要だそうです（16・17）。ここでの収穫は粒の小さいクリスタルガラス（〈スワロフスキー〉社などが扱うカッティングされたガラスパーツ）や（18・19）、ヴィンテージのスパンコールも見つけました。数時間巡っていると耐えられない寒さになり、暖かいスープを求めて昼は中華料理を食べることにしました（20）。

クリニャンクールへ行くも目当てのビーズ店は休みで…

中華街に移動して昼食を食べた後は、クリニャンクールの蚤の市へ移動（21）。ここにモー子さんがパリ時代から通っていたお店があるのですが、実は今回のパリ旅の最大のミッションがこのお店なのです。昨年、モー子さんが立ち寄った時、お店のご主人から「店の奥に古いビーズがあるよ」と教えてもらったそうなんです。半信半疑で店主と行ってみると、たしかに小さなビーズが！　ただ、壁の向こうの相当に奥まった場所にしまってあって、すべて取り出すには人手が必要……ということで私たち2人が同行してきた、というわけ。ところがそのお店にはメールアドレスもなく、日本からアポイントのために電話をしても繋がりません。結局アポイントがとれないまま、「やってるでしょ」と直接そのお店を訪ねたのですが……無情にもお店のシャッターは降りたまま。やってない！　でも、週末の時間は限られています。嘆いても仕方がないのでここはすっぱりと諦めて、今度はアポイントを取っていた別のビーズ店を訪ねることにしました。

思わぬ場所でビーズ発見！

次の店は、シャッターが閉まっていた店と目と鼻の先。到着すると店主は「ここは、シャッターが閉まっていた店と姉妹店だよ」と言います。あちらが閉まっている理由はわからないが、扱っているものは同じだそう。「本当に？」と不思議に思いながら店の奥に案内されると、そこには大量のヴィンテージビーズなどが積み上げられていました。興奮気味にビーズを探し始めるモー子さん。購入分を決めてレジに向かったのですが蚤の市は現金払いがキホンということをすっかり忘れており……。お金が足りない！　結局、全員の所持金をかき集めても合計金額に届かず、今回は支払える分だけを購入し、残りは次の夏までキープしてもらうことに。19時頃、モー子さんの友人で版画家の坂本拓馬さんとステーキレストランへ。古くからある暖炉料理のお店で、奥にある暖炉でお肉を焼いてくれます（22）。この日も気づけば日付が変わっていて、26時に就寝しました。

5th day

朝からクリニャンクールへ。古着の山の奥にビーズが!?

6時、起床。この日も部屋で朝食を食べ、メトロでクリニャンクールの蚤の市へ向かいます。最初に訪れたのは、モー子さんがパリ時代から通っている刺繍材料店。かつては質のいい1930年代のヴィンテージビーズを多く扱っていたそうですが、その在庫も少なくなってきていて、今回はビーズだけでなく、リボンなどの手芸材料も求めてお店を訪れました。オーナーのフローラさんもお元気で何より(23)。しかし、行ってみるとモー子さんがかつて使っていたものとまったく同じ色のヴィンテージビーズを発見！ 迷わず、購入するモー子さん。こういう出会いがあるから、ヴィンテージビーズはわざわざパリまで来て、足で探すのだと分かります。引き続き、クリニャンクールの中を巡回。勉強を兼ねて、訪れたかったヴィンテージのオートクチュールドレスを扱うお店へ。ドレスに施された刺繍に感動していると、そのドレスの向こうにヴィンテージのビーズがちらり！ しかも粒の小さい1930年代のもの。夢中になって物色する私たち。しかし、ここも相場の倍近い値段＆キャッシュオンリー。レジへ持っていくと会計はなんと1500ユーロ超え！ 3人のなけなしのお金を集めて、買えるだけ購入したのですが、店を出てすぐに「高すぎでしょー！」とモー子さんが叫びました……。

ビーズを受け取り週末の蚤の市巡りは終了

気を取り直して、お昼はクリニャンクール内のカフェへ(24)。しっかり食べて、午前中の疲れを癒やします。その後、昨日取り置きしていたヴィンテージビーズをピックアップ。他にも革屋さんや什器屋さんをめぐり、クリニャンクールでのミッションは完了です(25)。夕方、一度アパルトマンに戻ってから夕食へ。しかし、アパルトマンに到着すると竹内さんが連日の疲れでダウン。モー子さんと私は〈ブシュロン〉に創業160周年記念の企画展を見に行くことにしました。これまでの宝石から新作まで見ることができ大満足(26・27)。夕食前に目についたバーで軽くビールをひっかけ、ほろ酔いで南インド料理のレストランへ向かいました。ここに集まるのは例年、同じメンバーだそうでモー子さんのパリ時代の友人である星野貞治さんと奥さまの須山佳子さん、シェフの中川尚さんの3人。大いに飲み、食べた後は、星野さん夫妻の愛犬・ピッコロと一緒に散歩をしながらアパルトマンに帰宅(28)。この日は珍しく日付をまたがずに就寝しました。

6th day

買い付け最終日。挑むはスパンコールの棚！

7時、起床。近所のカフェで朝食。9時、再び卸の材料専門店を訪れました。この日はスパンコールを集中的にチェック(29・30)。ちなみにビーズやスパンコールは束で購入するのですが、その束の単位をフランス人は「ポンポン」と言うそうです。「1ポンポン、2ポンポン」と数えながら整理されていく購入分の材料。スパンコール選びはお昼までかかっても終わらず、一旦休憩。お昼を挟み午後、ようやくスパンコールの選定が終わると、3日間で選んだ全ての材料を精算することに。その量、70kg以上！(31) 店のマダムたちがレジを打ち間違えるなど、何度も何度も訂正しながら、ようやく合計金額が出たのですが(32)、日本円にしてなんと●●万円(秘密)！ これらが数年間かけて使う、大切な材料となるのです。17時半、アパルトマンに戻って、さまざまな場所で購入したものを整理。苦労して買い

付けた大切な材料が輸送中に壊れたりしないように、厳重かつ丁寧に梱包していきます。3人がかりで、気の遠くなるような作業をせっせせっせとこなします(33)。ここまで作業を終えると、夕食の時間。この日はモー子さんの友人が営むレストラン〈ソリレス〉へ(34)。大月さんと、ベルルのロゴを作ってくれた松永沙織さんが来てくれました。美味しい食事と楽しい会話。後ろ髪を引かれながら帰宅。いよいよ明日は終日自由行動ができるお楽しみデーです。

7th day

大月さんと一緒にフォンテーヌブローの森へ

6時、起床。この日も朝ごはんは家で。午前中はマルシェでチーズを買ったり、須山さんに教えてもらった紅茶屋さんへ行ったりと、のんびり過ごします。ほかにも、ファッションデザイナー、アズディン・アライアの展示を見たり、ジャン・ヌーヴェルが設計したアラブ世界研究所(35)へ行ったり、タクシーに乗ってあちこちへ。午後は大月さんとフォンテーヌブローの森に行く約束。大月さんが車で迎えに来てくれたのですが、まだお昼を食べてなかったことに気づき、急遽、ショコラショーを飲みに〈カフェ・ド・フロール〉へ。ここはモー子さんの知人、山下哲也さんがギャルソンとして働いているお店。山下さんには会えませんでしたが、たっぷりで濃厚なショコラショーを飲んで満足(36)。いざ、フォンテーヌブローへ！　実はこの森には、ある探し物のために来たのですが、残念ながら結局見つからず……。なぜかみんなで歌を歌いながら森の中を散策すること1時間(37)。自然に触れて、気持ちもリフレッシュできました。ここで初めて記念写真も撮影(38)。18時過ぎ、夕食前に大月さんのアトリエを覗くことに。壁から床まで作品や画材、お気に入りのモノが溢れたおもちゃ箱のような空間。大月さんとモー子さんのコラボ作品なども見せてもらいました。思い出話やアート談義に花が咲き、気づけばあっという間に21時。本格的にお腹が空いたので、この日は中華レストランに。帰りは大月さんがアパルトマンまで車で送ってくれて、25時に就寝。いよいよ明日、日本に帰国です。

8th day

最終日。最後の最後にトラブル発生!?

6時、起床。フライトは夜発なので、16時までは自由行動に。モー子さんはパリ時代の友人と会う約束を詰め込んでいて、パティシエの石井美紀さんとその愛犬のローラ、写真家の山本豊さん、そして、大月さんと会うことに。本当は少しずつ時間をずらしていたのですが、結局は全員で賑やかなランチ。この間、私は〈イヴ・サンローラン美術館〉、竹内さんは〈国立自然史博物館〉へ。その後、モー子さんが版画工房〈アトリエクロット〉へ挨拶に行くというので、私も同行(39)。憧れの工房に感動しきりでした。15時、3人ともアパルトマンに戻ってパッキング開始。ビーズは紛失防止のため、一部を機内に持ち込むことにしました。シャルル・ド・ゴール空港では竹内さんがセキュリティチェックに引っかかったり(X線を通すと、ビーズが大量の砂に見えてしまったようです)、羽田空港では私もロストバゲージを宣告され(係員から直々に荷物がない可能性があると声をかけられたのですが)るもその後、無事に荷物が出てきたり、最後までプチトラブルが続きつつも、ビーズと共に無事に帰国できました。8日間で仕入れた量は〆て100kg！　パリでの日々はあっという間でしたが、たくさん笑って、たくさん食べて(笑)。毎日の仕事の中だけでは味わえない様々な感覚、そして人に出会えた刺激的な時間となり、初の3人でのビーズ買い付け旅は大成功で幕を閉じました。

Part_5

Works II

Artwork｜Advertising｜Object｜Lesson
Fashion&Interior Goods｜Wedding

作品｜広告｜オブジェ｜刺繍教室
ファッション＆インテリア｜ウェディング

Artwork

画家・大月雄二郎氏とのコラボレーション

画家の大月雄二郎氏は私がパリで出会った、最も重要な人物です。エコール・ルサージュに通い、オートクチュール刺繍を学んでいた私に、刺繍表現の可能性を教えてくれたのは彼でした。彼が描いた黒い線画に忠実に、私がオートクチュール刺繍の技法でビーズを刺し、色を加えていく。彼の提案で始まったコラボレーションは3年間ほど続き、50点以上の作品を仕上げました。「絵」として見せるためには、多くの技法を詰め込む必要がないと気づいたのも、この制作を通してのことです。

いつもは親友のように仲が良い私たちでしたが、彼は制作にとても厳しく、妥協というものはありません。刺してみてイメージ通りでなかったり、ビーズの色がしっくりこないと、すべて外して最初からやり直すこともありました。

このコラボレーション作品は、パリの画廊『ギャラリー・ヴァロア』の主人の目に留まり、個展を開くことになります。実は私の「モー子」というあだ名……呼び名でしかなかった名前が初めて活字になったのはこの時です。絵を描いたのは大月雄二郎、私は「ビーズを刺しただけの職人」と考えることもできたのですが、彼は「キミの名を出すべきだ」と言って、個展のカタログの表紙に2人の名前を並べることを画廊に提案しました。それは同時に、まだ何者でもなかった私に「刺繍家」という肩書きがついた瞬間でもありました。

Yujiro Otsuki

1948年神戸市生まれ。1972年、渡仏。同地で出会った池田満寿夫、ロラン・トポールとの親交の中で、多大な影響を受ける。1980年代より東京やパリをはじめ、アメリカ、モナコ、ベルギー、トルコなどで個展、美術サロン出品。2011年、フランス政府より美術文化勲章"シュヴァリエ"を受勲。絵画、版画、写真、短編小説とジャンルを横断して表現を続ける。

大月雄二郎氏コラボ　　街 (2006年)
Collaboration with Yujiro Otsuki Town (2006)

大月雄二郎氏コラボ　　獲物 (2006年)
Collaboration with Yujiro Otsuki Game (2006)

大月雄二郎氏コラボ　　狩猟の形而上学 (2006年)
Collaboration with Yujiro Otsuki Metaphysics of hunting (2006)

大月雄二郎氏コラボ　　パシャと2匹のうさぎ (2006年)
Collaboration with Yujiro Otsuki Pasha with two rabbits (2006)

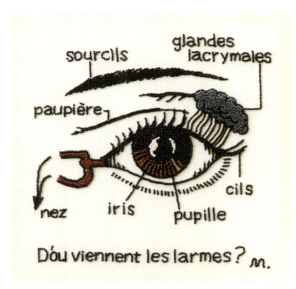

moko-by-moko "Dóu viennent les larmes?"涙はどこから来るのか?（2008年）
moko-by-moko Where does tear come from?（2008）

moko-by-moko "cycle du léau"水の循環（2008年）
moko-by-moko Water circulation（2008）

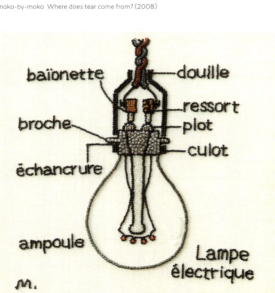

moko-by-moko "Lampe électrique"電球（2008年）
moko-by-moko Light bulb（2008）

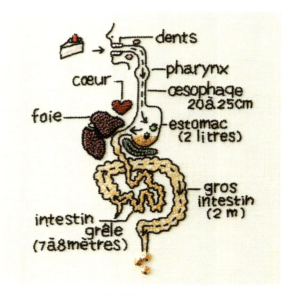

moko-by-moko "gastro-entérologie"消化器系（2008年）
moko-by-moko Digestive system（2008）

カラマールの雨傘 (2015年)
The umbrella of KARAMA-RU (2015)

年賀状 未年（2015年）
New year's card Sheep（2015）

年賀状 酉年（2017年）
New year's card Rooster（2017）

年賀状 申年（2016年）
New year's card Monkey（2016）

年賀状 戌年（2018年）
New year's card Dog（2018）

Object

地震探知機　Le détecteur Sismique　Conception：Yujiro Otsuki "L'eau"水 (2011年)
Earthquake detector Concept：Yujiro Otsuki "Water" (2011)

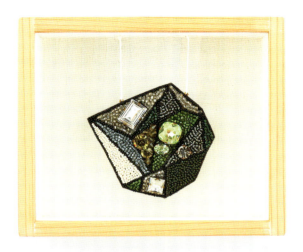

地震探知機　Le détecteur Sismique　Conception：Yujiro Otsuki エメラルド（2011年）
Earthquake detector Concept：Yujiro Otsuki EMERALD（2011）

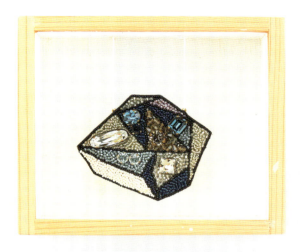

地震探知機　Le détecteur Sismique　Conception：Yujiro Otsuki サファイア（2011年）
Earthquake detector Concept：Yujiro Otsuki SAPPHIRE（2011）

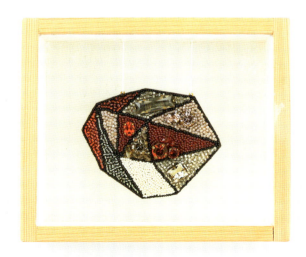

地震探知機　Le détecteur Sismique　Conception：Yujiro Otsuki ルビー（2011年）
Earthquake detector Concept：Yujiro Otsuki RUBY（2011）

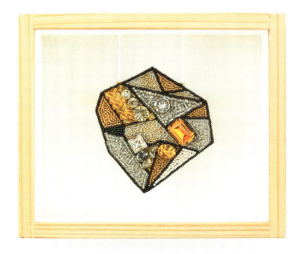

地震探知機　Le détecteur Sismique　Conception：Yujiro Otsuki シトリン（2011年）
Earthquake detector Concept：Yujiro Otsuki CITRINE（2011）

Advertising

Mother's Day 靴下屋 produced by Tabio Mother's day（2015年）
Mother's Day for Kutsushita-ya（2015）

Mother's Day

Mother's Day 靴下屋 produced by Tabio Mother's day（2015年）
Mother's Day for Kutsushita-ya（2015）

NORDIC TALES　銀座三越のカード会員向けカタログ表紙2014年12月（2014年）
NOEDIC TALES　Design for GINZA MITSUKOSHI（2014）

WINTER FASHION　銀座三越のカード会員向けカタログ表紙2014年9月（2014年）
WINTER FASHION　Design for GINZA MITSUKOSHI（2014）

はなばな祭　銀座三越のカード会員向けカタログ表紙2014年2月（2014年）
HANABANA-MATSURI　Design for GINZA MITSUKOSHI（2014）

GLOBAL GREEN　銀座三越のカード会員向けカタログ表紙2014年5月（2014年）
GLOBAL GREEN　Design for GINZA MITSUKOSHI（2014）

ハッピーバレンタイン　銀座三越のカード会員向けカタログ表紙2014年1月（2014年）
HAPPY VALENTINE　Design for GINZA MITSUKOSHI（2014）

"ドキドキ"　　NHK「ノージーのひらめき工房」（2017年）
"Heart beating"　　for NHK program "Nozy's Fun Studio" (2017)

CARTIER 集英社『SPUR』2014年1月号 (2014年)
CARTIER Design for SHUEISHA"SPUR"magazine Jan.2014 issue (2014)

Bélier

Taureau

Lion

Vierge

Sagittaire

Capricorne

12星座 集英社『SPUR』2013年8月号 (2013年)
Zodiac for SHUEISHA"SPUR"magazine Aug.2013 issue (2013)

Gémeaux

Cancer

Balance

Scorpion

Verseau

Poissons

Lesson

Fashion & Interior Goods

バッグ プランタン（2014）
Bag Spring（2014）

クッション プランタン（2014年）
Cushion Spring（2014）

バッグ ラティス Blanc｜Noir｜Rouge｜Bleu foncé（2011年）
Bag Lattice White｜Black｜Red｜Dark blue（2011）

バッグ 迷彩 (2012年) | ジャルダン (2013年) | ゼブラ (2012年) | 嵐 (2013年)
Bag Camouflage (2012) | Garden (2013) | Zebra (2012) | Storm (2013)

クッション バナーヌ（2017年）
Cushion Banana（2017）

クッション　サカナクッション（2017年）
Cushion Fishcushion (2017)

Wedding

コサージュ Vanessa (2011年) | コサージュ・リストレット Louise (2017年)
Corsage "Vanessa" (2011) | Corsage, Wristlet "Louise" (2017)

コサージュ Vanessa（2011年）
Corsage "Vanessa" (2011)

コサージュ／リストレット Sophie（2011年）｜リングピロー（2017年）｜コサージュ／リストレット Louise（2017年）｜コサージュ／リストレット Louise（2017）
Corsage／Wristlet "Sophie"（2011）｜ Ring Pillow（2017）｜ Corsage／Wristlet "Louise"（2017）｜ Corsage／Wristlet "Louise"（2017）

リングピロー (2017)
Ring Pillow (2017)

Epilogue

おわりに

オートクチュール刺繍に出会ってから20年近くが経ちました。
積み重ねてきた時間の中で、これまでの私がそうであったように、「今がその時だ!」と思えば来た波にひょいと乗って、これからもさまざまなことに挑戦していきたいです。素材に向き合い、新しい表現のために変わり続けることが、オートクチュール刺繍の素晴らしさであり魅力だと思います。
本のタイトル『Au Fil des Perles(オ・フィル・デ・ペルル)』は、私の好きな言葉のひとつです。パリの友人が展覧会のタイトルとしてつくってくれた造語なのですが、「ひとつひとつのビーズが連なって形をつくる」「その流れ行く刺繍時間」というニュアンスでしょうか。小さなビーズ一粒一粒の連なりが、私のデザインを形にし、作品となって、そこからかけがえのない人々との出会いを私に繋げてくれたのだと思います。

この本が、私の新しい扉を開いてくれた『パリ・モードの舞台裏』展のように、誰かにとっての新しいきっかけとなるのならば、そんな素敵で嬉しいことはありません。

2018年　春の終わりに
小林モー子

小林モー子

刺繍家
アトリエ『メゾン・デ・ベルル』主宰

こばやし・もーこ　1977年、神奈川県茅ヶ崎市生まれ。1999年、文化服装学院アパレル技術科卒業。1999〜2003年まで服飾メーカーにてパタンナーとして勤務する。オートクチュール刺繍を学ぶため、2004年、渡仏。パリの『Ecole Lesage broderie d' Art』にてオートクチュール刺繍の技法を学び、ディプロムを取得。2005年、パリ在住の画家・大月雄二郎氏とコラボレーション作品を制作し始める。2006年、パリの『Galerie Vallois』にて大月氏との2人展『Au fil des perles』を開催。フロリダ、マドリード、ブリュッセルなどでの展示にも参加する。2010年、帰国。刺繍アクセサリーの制作を本格的に開始し、『メゾン・デ・ベルル』設立。同時にオートクチュール刺繍の教室も始める。2015年、東京・渋谷区西原にアトリエを移転。2016年、インテリア刺繍とゴールドワークを学ぶためパリ『Ecole Lesage broderie d' Art』、ロッシュフォール『Atelier begonia d'or』へ。ヴィンテージビーズを用いた刺繍アクセサリーの制作を軸に、雑誌・広告など幅広く活躍。結婚・出産を経てなお、精力的にオートクチュール刺繍の世界を伝えている。

メゾン・デ・ベルル ホームページ
http://maisondesperles.com/

メゾン・デ・ベルル インスタグラム
maison_des_perles

メゾン・デ・ペルルの刺繍
Au Fil des Perles

著　者　　小林モー子

編集人　　寺田文一
発行人　　倉次辰男
発行所　　株式会社主婦と生活社
　　　　　〒104-8357　東京都中央区京橋3-5-7
　　　　　編集部　TEL03-3563-5194
　　　　　販売部　TEL03-3563-5121
　　　　　生産部　TEL03-3563-5125
　　　　　http://www.shufu.co.jp

製版所　　東京カラーフォト・プロセス株式会社

印刷所　　太陽印刷工業株式会社

製本所　　株式会社若林製本工場

ISBN978-4-391-15142-8
©Moko Kobayashi 2018 Printed in Japan